CONSOLIDADORES DE TURISMO:
SERVIÇOS E DISTRIBUIÇÃO

Dados Internacionais de Catalogação na Publicação (CIP)
(Câmara Brasileira do Livro, SP, Brasil)

Santos, Célia Maria dos
Consolidadores de turismo : serviços e distribuição / Célia Maria dos Santos, Edmir Kuazaqui. — São Paulo : Pioneira Thomson Learning, 2004.

Bibliografia.
ISBN: 85-221-0453-0

1. Serviços (Indústria) 2. Turismo 3. Turismo — Marketing 4. Turismo — Pesquisa I. Kuazaqui, Edmir. II. Título.

04-0434 CDD-338.4791

Índice para catálogo sistemático:

1. Consolidadores de turismo : Indústria do turismo : Economia 338.4791

Célia Maria dos Santos
Edmir Kuazaqui

CONSOLIDADORES DE TURISMO:
SERVIÇOS E DISTRIBUIÇÃO

THOMSON

Austrália Brasil Canadá Cingapura Espanha Estados Unidos México Reino Unido

THOMSON

Gerente Editorial:
Adilson Pereira

Editora de Desenvolvimento:
Ada Santos Seles

Produtora Editorial:
Danielle Mendes Sales

Supervisora de Produção Editorial:
Patricia La Rosa

Copidesque:
Maria Alice da Costa

Revisão:
Regina Elisabete Barbosa e Peterso Rissatti

Editoração Eletrônica:
Macquete Produções Gráficas

Capa:
Megaart Design

Impresso no Brasil.
Printed in Brazil.
1 2 3 4   06 05 04

Rua Traipu, 114 – 3º andar
Perdizes – CEP 01235-000
São Paulo – SP
Tel.: (11) 3665-9900
Fax: (11) 3665-9901
sac@thomsonlearning.com.br
www.thomsonlearning.com.br

Dados Internacionais de Catalogação na Publicação (CIP)
(Câmara Brasileira do Livro, SP, Brasil)

Santos, Célia Maria dos
Consolidadores de turismo : serviços e distribuição / Célia Maria dos Santos, Edmir Kuazaqui. — São Paulo : Pioneira Thomson Learning, 2004.
Bibliografia.
ISBN: 85-221-0453-0
1. Serviços (Indústria) 2. Turismo 3. Turismo — Marketing 4. Turismo — Pesquisa
I. Kuazaqui, Edmir. II. Título.
04-0434   CDD-338.4791
Índice para catálogo sistemático:
1. Consolidadores de turismo : Indústria do turismo : Economia 338.4791

Agradecimentos

Agradecer a todas as coisas do céu e da terra e a todas as pessoas é sempre muito gratificante para mim, principalmente, porque me dá a certeza de que nunca estou só no mundo. Todas as pessoas aqui citadas contribuíram de forma valiosa para a execução de meu trabalho. Aos que não foram mencionados, peço desculpas, porém saibam da minha eterna gratidão.

Assim, agradeço:

• a Deus, por me guiar e proteger durante toda a minha vida;

• aos meus pais, Paula Therezinha e Nede Afonso, que com amor e responsabilidade me ensinaram a valorizar meus estudos e minha carreira profissional;

• à minha filha, Rachel, que me ensina a aprender a cada dia;

• ao Prof. Dr. Edmir Kuazaqui, pela sua orientação e pelo privilégio de estarmos partilhando este trabalho;

• à Profa. Dra. Marília Gomes dos Reis Ansarah, pela amizade, pelo estímulo e pela confiança;

• à Profa. Dra. Ada de Freitas M. Dencker, pela colaboração e apoio;

• aos meus colegas da Universidade Paulista (Unip), Prof. André Florêncio de Melo (*in memoriam*), Profa. Ana Paula Mendietta José, Profa. Mestra Yara Silvia M. Issa, e aos professores do curso de mestrado em Turismo, Planejamento e Gestão Ambiental, pelas informações, observações e comentários;

• aos diretores da Rextur Viagens e Turismo Ltda., senhores Goiaci Alves Guimarães, Luciano S. G. Guimarães, José Carlos Alba

Alonso, Clement Balestra, Cássio M. Salles Oliveira, Carlos Alberto da Silva Santos e R. E. Cassulino, por confiarem durante tantos anos em meu trabalho, possibilitando-me conquistar a experiência que me permitiu realizar o presente estudo de caso;

• à Profa. Mestra Dácia Fingerhut Herbst, que foi minha assistente, pela ajuda constante;

• ao Michel, de forma muito especial, por seu amor, incentivo e paciência que me fortaleceram para que eu pudesse concluir este trabalho.

CÉLIA MARIA DOS SANTOS

O Homem não está só em sua jornada. Cada passo é compartilhado com outros, sejam amigos, colegas, parceiros ou mesmo simples atores coadjuvantes. Não haveria espaço suficiente para agradecer a todos, assim, expresso um reconhecimento especial:

• ao Dr. Roberto Kanaane, que desempenhou importante papel no desenvolvimento de minha carreira acadêmica, tanto profissional como pessoal;

• aos doutores Haroldo Leitão Camargo, Terezinha Otaviana Dantas da Costa, Marcia Gamboa, Osmar Coronado, Gleder Maricato, Olga Tulik e Sarah Chucid da Via;

• ao meu pai, Iorucika, e à minha irmã Edna e, com saudades, *in memoriam*, à Yoshie Kameoka Kuazaqui;

• à mestra Célia Maria dos Santos, em particular, pela oportunidade do compartilhamento das experiências, foco deste livro.

EDMIR KUAZAQUI

Sumário

Prefácio

O setor de serviços, desde o final do século XX, vem ganhando importância cada vez maior em muitos países onde antes predominava uma economia baseada na atividade industrial. Nos países em desenvolvimento, como o Brasil, cuja economia ainda é fortemente direcionada à agricultura, o setor de serviços também vem ganhando terreno e agora, no início do século XXI, surgem indícios de que esse imenso território continental desperta, com suas belezas naturais e sua rica cultura, para as atividades voltadas ao lazer e ao turismo.

O emprego na indústria está em queda em todo o mundo, e o setor de serviços deve concentrar a maior oferta de empregos nos países considerados de Primeiro Mundo e nos em desenvolvimento.

Um dos setores de maior crescimento nas indústrias modernas de serviços no mundo globalizado em que vivemos é o da tecnologia da informação. Em particular, a tecnologia na área de computadores aliada à de telecomunicações possibilita a prestação de serviços de forma cada vez mais ágil, uma postura de maior responsabilidade para com os clientes e mesmo a criação de novos tipos de serviços baseados na informação.

O aperfeiçoamento tecnológico veio contribuir para a agilização e a sofisticação do setor de serviços, em especial do segmento turístico. Mas, como o mercado de turismo começou a se profissionalizar a partir da década de 60, algumas atividades profissionais são desconhecidas por grande parte dos profissionais e acadêmicos brasileiros que nele atuam, principalmente no segmento de viagens.

Este livro, rico em informações, descreve o papel dos consolidadores na intermediação dos serviços prestados pelas empresas aéreas aos agentes de viagens. Os autores mostram como se distribuem os serviços turísticos de uma consolidadora — empresa prestadora de serviços de transporte aéreo —, com atuação de repassador (distribuidor), que comercializa todas as empresas aéreas (nacionais e internacionais). A maneira que opera é característica do mercado brasileiro, mais especificamente do mercado de agências de turismo na cidade de São Paulo, desde a década de 90.

Entendo que este livro somente foi possível em virtude da atuação da professora Célia, há mais de 20 anos, no segmento de agências de turismo, mais especificamente em uma consolidadora — um ramo de expressão no mercado turístico —, e do professor Edmir, renomado pesquisador, com vários livros publicados, doutor em marketing, especialista e consultor em marketing internacional, turístico e de hospitalidade.

Percebo-me, após a leitura dos originais, emocionada porque tive o privilégio de ser professora de Célia no curso de mestrado e pude acompanhar a construção de sua carreira acadêmica e profissional e, do professor Edmir, amigo e colega de mestrado, lembro-me com saudades das reflexões que fazíamos a respeito de turismo. Atualmente são meus colegas, ambos com atuação acadêmica na Universidade Paulista (Unip).

O lançamento deste livro representa um passo avançado no estudo acadêmico do turismo, e estou certa e convencida de que ele será bem recebido também pelos profissionais com atuação no setor de turismo. Trata-se de obra recomendada para a bibliografia básica das disciplinas de Agenciamento e de Transportes, para aquelas cujos conteúdos programáticos voltam-se para o mercado turístico e, ainda, aquelas que abordam, em uma visão sistêmica, o relacionamento dos setores de atuação no mercado, cadeia produtiva, *clusters* etc.

Prefaciar *Consolidadores de Turismo: serviços e distribuição* é, para mim, uma grande satisfação, pois ele preenche o vazio existente em obras específicas, tornando conhecidas, mediante pesquisa científica, as atividades desenvolvidas pelos consolidadores, que muitas vezes são confundidas com as atividades das operadoras turísticas e até mesmo dos agentes de turismo.

Certamente, esta obra será muito útil para o leitor em face da experiência que os autores colocam a seu serviço. Boa leitura!

MARÍLIA GOMES DOS REIS ANSARAH
Doutora em Ciências da Comunicação com linha de pesquisa em Turismo pela ECA — USP

Assessora Pedagógica da área de Turismo, Universidade Paulista (Unip)

Docente do curso Planejamento e Marketing de Destinos e Produtos Turísticos, Faculdade Senac de Turismo e Hotelaria, SP

Docente do curso de pós-graduação em Gestão Estratégica no Turismo, Eaesp — FGV, SP

Docente Convidada dos cursos de mestrado em Turismo da Univali, SC, e Uesc, BA

Introdução

O segmento turístico tem apresentado nos últimos anos um grande crescimento econômico no Brasil e, segundo o Instituto Brasileiro de Turismo (Embratur), emprega-se hoje cerca de 5 milhões de pessoas no País em atividades turísticas. O órgão espera ainda que em 2004 o País obtenha uma receita de cerca de US$ 5,5 bilhões com a vinda de turistas estrangeiros.

Todavia, alguns aspectos sobre as características e peculiaridades de determinados setores desse segmento são desconhecidos por grande parte dos profissionais brasileiros que nele atuam, inclusive a questão logística, que envolve a distribuição e a comercialização de serviços.

Sendo assim, os consolidadores — empresas prestadoras de serviços do transporte aéreo originalmente desenvolvidas no mercado de agências de turismo na cidade de São Paulo — são de crucial importância para o negócio turístico.

Trata-se de empresas responsáveis por viabilizar os relacionamentos gerados mediante a intermediação de serviços prestados pelas companhias aéreas para os agentes de viagens. Possuem características especiais e foram desenvolvidas a partir de necessidades funcionais e operacionais das companhias aéreas, em meados da década de 90, para atender à crescente demanda das agências de turismo, que se multiplicaram nesse período, na cidade de São Paulo. São importantes para a distribuição e a comercialização de bilhetes aéreos.

O presente estudo visa demonstrar, essencialmente, o papel de intermediação dos consolidadores na facilitação dos serviços prestados pelas companhias aéreas aos agentes de viagens. Para as agências, possibilita o acesso direto à comercialização de bilhetes aéreos e, para as companhias, propicia a otimização do trabalho oferecido, executando para elas toda parte operacional e administrativa do processo.

As agências de turismo, principalmente as do segmento de varejo, necessitam de apoio junto às companhias aéreas para organizarem reservas ou bloqueios de assentos para grupos, com as mais diversas finalidades, mesmo que esses bloqueios estejam vinculados à comercialização de pacotes. Normalmente esse serviço é solicitado para ocasiões específicas, como eventos esportivos, convenções de negócios para apresentação de produtos e programas de incentivo, entre outros.

Os consolidadores prestam este e outros serviços às agências de turismo, eliminando os procedimentos legais exigidos pelos organismos turísticos (SNEA[1] e Iata[2]) envolvidos e oferecendo um atendimento diferenciado e eficiente ao mercado, o que favorece também as companhias aéreas.

No Brasil, o serviço de transporte, principalmente o aéreo, corresponde à maior despesa de uma viagem (em média 40% do total), segundo informações relativas ao período de 1998 e 1999, obtidas por meio de profissionais especializados que trabalharam na elaboração de roteiros de uma operadora mantida pela Rextur. Isso levando em conta, inclusive, a dimensão territorial do País.

A comercialização de bilhetes aéreos significa uma receita importante para as agências de turismo, uma vez que o transporte aéreo se apresenta como um dos insumos básicos do produto turístico (pacotes de viagens nacionais e internacionais) e constitui por si só um produto único e de fácil comercialização junto ao mercado consumidor em geral.

---

1 Sindicato Nacional das Empresas Aeroviárias.

2 *International Air Transport Association* (Associação Internacional de Transporte Aéreo).

Assim, as empresas de consolidação representam, para as agências de turismo, um importante canal de distribuição do serviço de transporte aéreo, facilitando e simplificando o seu trabalho de comercialização.

Pela ótica das companhias aéreas no Brasil, essas empresas trabalhavam o repasse dos bilhetes aéreos, distribuindo-os para as agências de turismo de pequeno porte, encontradas em grande quantidade no mercado turístico paulistano.

Em uma evolução natural, a denominação foi alterada de repasse para consolidação das vendas desses bilhetes, a partir de várias agências de turismo para uma única companhia aérea, sem exclusividade de representação, daí o nome consolidador.

As atividades desenvolvidas pelos consolidadores são muitas vezes confundidas por leigos, e mesmo pelos agentes de viagens, com as das operadoras turísticas ou das agências de turismo. Porém, a função dos consolidadores é distinta da exercida quer pelas operadoras quer pelas agências de turismo.

Por esse motivo, busca-se, neste livro, analisar e identificar os relacionamentos gerados pelos negócios estabelecidos por essas empresas consolidadoras entre as companhias aéreas e as agências de turismo, pela ótica da prestação de serviços.

A apresentação dos consolidadores como empresas prestadoras de serviços é importante também na medida em que, até o presente momento, não se conhece uma bibliografia específica sobre o tema na literatura turística.

Para tentar esclarecer essas questões, são apresentados, nesta obra, conceitos diretamente relacionados à prestação de serviços, ao produto turístico e aos seus canais de distribuição, à segmentação e ao mercado turístico.

Apresentam-se ainda informações referentes aos elementos que compõem este estudo de caso: o consolidador, a companhia aérea e as agências de turismo.

No Capítulo 1 — Turismo e Serviços —, apresenta-se uma visão geral do mercado turístico, com destaque para a segmentação como uma opção estratégica de negócios, evidenciando a importância do setor de serviços na economia mundial, para o século XXI. Essas informações devem reforçar a idéia principal do trabalho sobre a figura do consolidador como empresa de prestação de serviços.

No Capítulo 2 — Componentes do Processo de Distribuição de Serviços Turísticos —, busca-se expor como as agências de turismo (cliente-consumidor dos serviços prestados pelas empresas consolidadoras) são classificadas pela Embratur, quais suas funções, como exercem suas atividades e como se processam os relacionamentos com os fornecedores de serviços turísticos.

Ainda neste capítulo, tem-se um breve histórico das atividades desenvolvidas pelas companhias aéreas (cliente-fornecedor dos serviços prestados pelas empresas consolidadoras), a partir de meados da década de 70, destacando-se sua influência e importância no mercado das agências de turismo de São Paulo.

Chega-se, assim, aos consolidadores, canais de distribuição de produtos do segmento do transporte aéreo, seu histórico dentro do mercado turístico paulistano, suas funções e o trabalho por eles desenvolvido junto a seus clientes-consumidores e fornecedores.

São inseridas também informações referentes à capacitação profissional especialmente desenvolvida para a atuação nas empresas consolidadoras.

É importante, ainda dentro deste capítulo, a apresentação do sistema BSP (*Billing Settlement Plan*), implantado pela Iata no Brasil por solicitação das companhias aéreas, cuja função principal é a padronização de procedimentos operacionais e administrativos dos serviços de transporte aéreo junto às agências de turismo. Sua interferência direta no processo de comercialização dos bilhetes aéreos exerce grande influência no desenvolvimento das empresas de consolidação no mercado turístico paulistano.

No Capítulo 3 — Reflexões sobre a Importância dos Consolidadores: Estudo de Casos —, apresentam-se os procedimentos metodológicos utilizados na estruturação deste trabalho. Nele são descritos todos os meios utilizados durante a pesquisa e elaboração deste trabalho, destacando-se os itens relacionados ao universo e às amostras, no qual são apresentados os três elementos principais do estudo de caso, e um pré-teste realizado para confirmar a eficácia do instrumento utilizado.

Procura-se ainda neste capítulo, de forma objetiva, reafirmar a hipótese principal, demonstrada durante o desenvolvimento deste trabalho, que considera os consolidadores como empresas prestadoras de serviços com a função principal de manter as relações de negócios entre as companhias aéreas e as agências de turismo, funcionando como um canal de distribuição dos serviços de transporte aéreo.

Por fim, em Considerações Finais, procura-se alinhavar e ressaltar a importância dos consolidadores dentro da ótica da distribuição de serviços turísticos.

Esta obra pretende contribuir para a ampliação dos conhecimentos de temas específicos relativos ao mercado turístico nacional, principalmente o paulistano, importante foco do desenvolvimento do setor no País.

1

Turismo e Serviços

OBJETIVOS DO CAPÍTULO:

- Apresentar o mercado turístico e os conceitos de produto e serviço.
- Desenvolver o conceito da segmentação como importante estratégia para as empresas.
- Discutir as dimensões e conseqüências de uma sociedade voltada para a excelência em serviços.

Introdução

A sociedade passou por inúmeros processos de transformação de ordem estrutural e social. De um modelo eminentemente agrícola, voltou-se quase totalmente para serviços, o que levou a comunidade contemporânea a passar a ter determinados valores, posturas e relacionamentos que, por sua vez, impulsionaram diferentes mercados, como, mais recentemente, os de entretenimento, hospitalidade e uma das grandes promessas para o início do milênio — o segmento turístico.

Mercado e Produto Turístico

As informações aqui referidas têm base em considerações de vários autores e, em especial, de Mário Beni (1998). Procura-se apresentar o mercado turístico de modo geral apenas para que nele seja situado o produto turístico em foco.

Na linguagem econômica, entende-se por *mercado* a troca de valores ou produtos — o comércio. Significa, ainda, a interação entre a oferta e a demanda de bens, produtos, serviços e capitais.

O mercado é um sistema de informações que permite a milhares de agentes econômicos, produtores e consumidores tomar decisões necessárias para que a sociedade alcance a eficiência e a satisfação desejadas.

> A estrutura do mercado turístico é definida como a parte da economia que estuda e analisa a realidade econômica do turismo baseada em um mercado onde confluem a oferta de produtos e serviços turísticos e a demanda que está interessada e motivada a consumi-los. (Beni, 1998, p. 149)

O poder de mercado das empresas turísticas é muito restrito, com muitos produtores substitutivos próximos, mas imperfeitos.

Assim, várias empresas comercializam pacotes para uma mesma localidade, utilizando-se de serviços diferenciados, como hotéis de luxo ou de categoria inferior, por exemplo.

O mercado turístico possui produtos diferenciados e cada um deles identifica um tipo de mercado real e potencial. Portanto, existem vários mercados turísticos. Nele, os produtos caracterizam-se por sua heterogeneidade e não são intercambiáveis.

Sendo um produto diferenciado, cada empresa turística pode comercializá-lo de uma maneira especial, tornando-o único.

> O produto turístico é um conjunto de bens e serviços que objetivam satisfazer o cliente. É tangível (bens de consumo e industriais), pois se compõe de uma parte concreta (equipamentos hoteleiros e de restauração e meios de transporte), assim como intangível (prestação de serviços, em um conjunto de ações que possibilita usufruir esses bens). (Moraes, 1999, p. 19)

O produto turístico é composto de serviços diferenciados, organizados de forma a atender às necessidades dos turistas. São comercializados no mercado por intermediários e fornecedores, ou diretamente ao consumidor final.

Entre os serviços turísticos oferecidos ao mercado consumidor, os modais de transporte constituem insumo fundamental para o produto turístico final. Nesta pesquisa, o transporte aéreo é o foco a ser analisado.

O turismo não subexiste sem o transporte aéreo.

> Sendo uma atividade de deslocamento, a dimensão espacial é ponto de partida, assim como parte integrante e fator determinante (...). Além do mais, o transporte implica consumo de tempo, que é um fator transcendental em vários tipos de turismo. (Wahab, 1977, p. 52)

Considerado como elemento básico do produto turístico, é muito importante na composição de roteiros turísticos e pacotes. Também é utilizado bastante por executivos em viagens de negócios e por passageiros ou turistas individuais, por propiciar maior agilidade e conforto nos deslocamentos.

Das empresas turísticas que comercializam os produtos turísticos, as mais conhecidas são as agências de turismo e, para estas empresas, o transporte aéreo significa uma grande parcela de sua receita, podendo ser comercializado em conjunto com outros produtos (na forma de pacotes) ou individualmente.

O transporte aéreo

> é o segmento de mercado mais complexo, no que se refere a seus procedimentos de reservas, elaboração de tarifas e emissão de documentos, sendo o que mais exige do agente de viagens em relação a conhecimentos e técnicas na execução de seu trabalho. É também o mais amplo e o que oferece maiores possibilidades de escolha para os clientes. (Cobreros, 1999, p. 91)

Pelas afirmações apresentadas, pode-se concluir que as agências de turismo necessitam de um suporte operacional eficaz, que as auxilie na comercialização dos serviços do transporte aéreo.

Torna-se relevante, então, a figura das empresas de consolidação no atendimento, divulgação e distribuição desse produto no mercado turístico.

O trabalho de prestação de serviço praticado por essas empresas, junto aos agentes de viagens, é de grande importância para o mercado, facilitando a comercialização de um serviço tão diversificado.

Segmentação do Mercado Turístico como Estratégia de Negócios

A segmentação do mercado turístico está em evidência nos últimos dez ou talvez doze anos, motivada pela necessidade de as agências de turismo e as operadoras turísticas atenderem a demandas cada vez mais exigentes e diversificadas, que não procuram mais os tradicionais pacotes para a Flórida ou para a Europa Clássica (Lisboa, Madri, Londres, Paris, Roma).

As grandes alterações da demanda e os ajustes aos quais as agências de turismo foram obrigadas a promover para se adaptarem aos novos clientes, que se tornaram mais exigentes e possuem um conhecimento muito maior do produto que desejam, além de usarem toda a legislação que os favorece atualmente, ocorreram em um movimento crescente, que acompanha a globalização e reafirma a segmentação do mercado turístico.

A segmentação é a

> técnica estratégica utilizada para direcionar da melhor maneira possível os recursos da empresa e melhor atender os respectivos mercados. Conceitua-se como o agrupamento de consumidores por meio de suas afinidades. Pressupõe-se que todos os consumidores sejam diferentes, embora todos possam ser agrupados segundo pontos em comum ou de convergência. (Kuazaqui, 2000, p. 177)

Essa afirmação enquadra-se na análise do perfil do novo consumidor de *produtos turísticos*. Os clientes, de maneira geral, possuem um grande conhecimento dos locais que querem visitar e dos serviços que vão consumir, motivados não somente pelo lazer (normalmente férias), como também por outras necessidades, como a aventura (esportes radicais), a religiosidade (peregrinações) e o esporte (campeonatos mundiais de futebol, tênis, Fórmula 1), entre outros.

O segmento que apresentou maior crescimento nos últimos anos, na cidade de São Paulo, foi o de turismo de negócios (*business travel*), que atende aos executivos de empresas grandes, médias ou pequenas, dos mais diversos ramos de atividade.

Para conseguir melhor desempenho nas transações comerciais de que necessitam, 23 das maiores agências de turismo especializadas no atendimento a passageiros de negócios fundaram o Fórum das Agências de Viagens Especializadas no Atendimento a Contas Corporativas (Favecc).

Os negócios gerados pelo Favecc junto às empresas que fornecem serviços de hospedagem, transportadoras em geral e receptivos, entre outros, visam sempre favorecer suas empresas-clientes. Por outro lado, trazem sempre benefícios ao mercado de agências, pois essas transações acabam sendo disseminadas para todos.

O turismo de negócios gera o desenvolvimento de novos empreendimentos hoteleiros adequados às suas necessidades e impõe que as companhias aéreas venham agregar novas facilidades, proporcionando, além de maior conforto a seus clientes durante os vôos, novas formas de garantir a sua fidelidade, por meio de programas de milhagens, com premiações e benefícios no atendimento terrestre (alianças: StarAlliance, SkyTeam, One World).

Com relação ao segmento dos transportes no mercado turístico, pôde-se constatar, pela observação de um dos autores, que, até a década de 80, o número de companhias aéreas internacionais em atividade na cidade de São Paulo era bastante reduzido. Entretanto as companhias nacionais já estavam quase todas em operação.

As agências de turismo, por seu turno, apresentavam baixo nível de segmentação, e o número reduzido de agentes, atuando no subsistema de comercialização de produtos turísticos, permitia o contato direto entre estes e os fornecedores, principalmente em se tratando de bilhetes aéreos.

No mercado, em virtude da diversificação dos segmentos, torna-se necessária a criação de várias empresas — como os consolidadores, por exemplo — cada uma com características próprias e distintas, que necessitam ser dirigidas e administradas de forma diferente e deverão prestar os mais variados serviços para dar suporte e assistência principalmente às agências de turismo.

A Sociedade Voltada para os Serviços

Entre os autores pesquisados, optou-se por utilizar os conceitos de Kotler, por sua acessibilidade e clareza.

Sua definição de *serviço* encontra-se transcrita a seguir.

> Serviço é qualquer ato ou desempenho que uma parte possa oferecer a outra e que seja essencialmente intangível e não resulte na propriedade de nada. Sua produção pode ou não estar vinculada a um produto físico. (Kotler, 1998, p. 412)

Na sua concepção, os serviços são divididos em setores distintos, o que possibilita a visualização de sua variedade. Tem-se, então, a seguinte classificação:

- Setor governamental — Serviços públicos em geral, como escolas, correios, bombeiros.
- Setor privado que não visa a lucro — Igrejas, museus e fundações.
- Setor comercial — Companhias aéreas, bancos, hotéis, seguradoras, escritórios de advocacia, imobiliárias.

- Setor de produção — Formado por trabalhadores fornecedores de serviços, como contadores e técnicos de informática, que prestam serviços às fábricas de produção industrial.

Suas principais características são:

- *Intangibilidade* — Não se pode tocá-los, vê-los, prová-los nem senti-los, são percebidos de forma subjetiva. Você não pode tocar um serviço como o atendimento, porém sabe-se sua real importância dentro da ótica dos serviços.
- *Inseparabilidade* — São produzidos e consumidos simultaneamente, pois tanto o prestador de serviços quanto o cliente-consumidor participam de todo o processo, tendo, então, as particularidades situacionais.
- *Variabilidade* ou *heterogeneidade* — Seus resultados dependem de quem os executa, uma vez que um serviço oferecido a um cliente nunca é igual ao oferecido a outro. Existe também a agregação da percepção da qualidade de quem produz o serviço. Diversos prestadores de serviços, mesmo dentro de padrões estabelecidos e treinamento, oferecem serviços de diferente qualidade percebida.
- *Perecibilidade* — Os serviços nunca podem ser estocados, devendo ser consumidos no ato de sua solicitação. Os assentos não comercializados dentro de um vôo não terão mais a possibilidade de venda após a decolagem.

As empresas prestadoras de serviços devem utilizar estratégias diferenciadas para atrair seu mercado consumidor, criando benefícios e vantagens, com a intenção de manter um relacionamento duradouro e fidelizado.

A sociedade, visando à satisfação de seus desejos, possibilitou a criação de vários *núcleos de serviços*, que variam de tipo e qualidade, apresentando-se hoje no mercado desde *petshops* (disseminados a partir do hábito de criar animais domésticos de pequeno e médio porte) até clínicas de massagem antiestresse, tão necessárias ao homem moderno.

Observa-se que o setor de serviços deverá continuar a se desenvolver, procurando cada vez mais suprir as necessidades e desejos gerados nesta sociedade, exposta a tecnologias de comunicação de última geração, a fim de se integrar ao mundo globalizado. Com isso, transforma-se diariamente, exigindo sempre uma sofisticada e criativa rede de serviços.

O setor de serviços tem papel relevante na economia mundial, demonstrado por seu crescimento e contribuição no desenvolvimento de muitos países e também pela absorção da mão-de-obra ociosa, oriunda das grandes transformações ocorridas nos setores agrícola/pastoril e da indústria, esta especialmente passa por modificações influenciadas pela evolução da tecnologia e da informática (cf. Kuazaqui, 2000).

O turismo é um forte componente do setor de serviços, pois todos os seus produtos são transformados em serviços quando de sua comercialização e utilização. Os serviços turísticos são elementos básicos na composição de produtos e podem ser consumidos separadamente (um bilhete aéreo) ou em conjunto (pacotes de viagens, nos quais tudo pode ser incluído: hospedagem, transportes, entretenimento).

Para oferecer esses produtos ao mercado, as empresas turísticas tornam-se dependentes umas das outras, necessitando sempre trocar ou intermediar seus serviços para atender ao turista ou ao passageiro. Essas empresas dedicam-se a operacionalizar e distribuir os produtos turísticos ao mercado, oferecendo, para isso, a mais diferenciada prestação de serviços, sempre buscando atingir seus clientes com resultados significativos relacionados à agilidade e à qualidade, exigidos por um setor que vive em constantes mudanças.

Nesse contexto, enquadram-se as empresas de consolidação, que distribuem, divulgam e comercializam o produto do transporte aéreo ao mercado de agências de turismo, oferecendo um trabalho de qualidade e eficiência, que as diferencia das demais empresas turísticas, denominadas agências de turismo, pela especificidade dos serviços oferecidos.

Assim, assimilando o desenvolvimento tecnológico e globalizado, atualizando e aperfeiçoando o capital humano, flexibilizando o atendimento a seu cliente-consumidor (as agências de turismo) e a seu cliente-fornecedor (as companhias aéreas), os consolidadores despontam como exemplo da prestação de serviços no mercado turístico, mantendo a fidelização e a credibilidade desses consumidores, especificamente.

2

Componentes do Processo de Distribuição de Serviços Turísticos

OBJETIVOS DO CAPÍTULO:

- Desenvolver os principais elementos envolvidos no processo de distribuição e comercialização de bilhetes aéreos, apresentando suas principais características.
- Introduzir o conceito da necessidade de visão sistêmica por parte do empresariado do ramo de serviços.
- Introduzir e evidenciar a importância dos consolidadores dentro do processo de negócios de uma empresa.

Introdução

Considera-se o conhecimento do ambiente de negócios de uma empresa como uma das peças fundamentais para que a organização desenvolva as melhores ações táticas e estratégicas que redundem em negócios de sucesso. A avaliação de ambiente então se torna como uma necessidade estratégica de sobrevivência para todas as organizações. O mercado turístico, como todos os outros setores, apresenta particularidades e características distintas que, se bem conduzidas, redundam em um diferencial competitivo de negócios.

Agências de Turismo — Clientes-Consumidores

Uma das faces do trabalho executado pelos consolidadores é a prestação de serviços junto às agências de turismo, transformando-as, assim, em clientes-consumidores dos bilhetes aéreos, distribuídos no mercado por essas empresas.

Essa relação se processa na medida em que as empresas de consolidação oferecem todos os serviços necessários à comercialização dos bilhetes aéreos, como reservas, cálculos de tarifas, elaboração de rotas e emissão de bilhetes, entre outros.

Como clientes-consumidores, as agências de turismo necessitam ter satisfeitos seus desejos e necessidades de uma maneira eficiente e rápida, a fim de possibilitar a melhor qualidade no atendimento a seu cliente final — o turista.

Entre os autores pesquisados que tratam sobre o tema *agências de turismo*, Acerenza apresenta conceitos que mais se aproximam da prática realizada no mercado por essas empresas.

Segundo ele, as agências de turismo são

> (...) empresas que se dedicam à elaboração de viagens e à comercialização de serviços turísticos avulsos ou organizados em forma de pa-

> cotes, em caráter intermediário entre as empresas chamadas a prestar serviços e o usuário final, para fins turísticos, comerciais ou de outra natureza. (Acerenza, 1990, p. 29)

Essas empresas praticam a comercialização de produtos e serviços turísticos, tendo como funções básicas a intermediação de serviços e produtos turísticos, a consultoria ou assessoria de viagens e a organização ou elaboração de viagens.

Pela legislação brasileira, podem-se classificar as agências de turismo em duas categorias:

> a. agências de viagens prestam serviços de excursões rodoviárias a seus usuários em território brasileiro e em países limítrofes.
> b. agências de viagens e turismo prestam os serviços de operação de viagens e excursões — individuais ou coletivas — compreendendo roteiros e itinerários, relativas a excursões do Brasil para o exterior. (Tomelim, 2001, p. 23)

As agências de viagens são ainda responsáveis pela intermediação de produtos e serviços turísticos entre os fornecedores e o consumidor final — o turista. Executam o trabalho de consultoria e assessoria de viagens ao consumidor, fornecendo informações sobre a documentação necessária para determinados locais escolhidos, sobre novos destinos a serem visitados, excursões e outros serviços necessários ao acompanhamento dos turistas, antes, durante e depois da viagem.

Além dos serviços de intermediação e consultoria, as agências de viagens e turismo organizam pacotes que podem ser comercializados no mercado por todas as categorias de agências, assumindo os riscos com relação aos *bloqueios,* efetuados junto aos meios de hospedagens, transportadoras e outras empresas, quando da elaboração de produtos.

Essa classificação dispõe sobre as possibilidades e limitações dessas empresas, relativas à organização de viagens ou à elaboração de pacotes turísticos.

No entanto, a legislação brasileira prevê ainda que as agências de turismo exerçam com exclusividade as atividades de

> (...) venda comissionada ou intermediação remunerada de passagens individuais ou coletivas, passeios, viagens e excursões; intermediação remunerada na reserva de alojamento, recepção, traslado, transferência e assistência especializada ao turista; operação de viagens e excursões individuais ou coletivas, compreendendo a organização, contratação e execução de programas, roteiros e itinerários; credenciamento de empresas transportadoras, empresas de hospedagem para emissão de bilhetes, *vouchers* e outras prestações de serviços turísticos; divulgação pelos meios adequados, inclusive propaganda e publicidade, de todos esses serviços. (Beni, 1998, p. 182)

As agências de turismo podem intermediar ainda outros serviços, considerados agregados ao produto turístico, referentes à realização de feiras, convenções e eventos, comercialização ou agenciamento de carga aérea, operações de câmbio (sendo necessário para isso um registro de classificação específico junto a Embratur, que possibilite a comercialização de moeda estrangeira), documentação de viagem, traslados e venda de ingressos para diversos espetáculos.

As atividades exercidas pelas agências de viagens e turismo nos dias de hoje estão se confundindo com as das operadoras turísticas *Tour Operators*. Na década de 90, aqui no Brasil, as empresas operadoras ou organizadoras de serviços turísticos para o mercado de agências de turismo passaram também a trabalhar com o atendimento direto ao consumidor final, o que descaracteriza sua função de produtora e fornecedora de pacotes para o mercado.

O trabalho das operadoras seria diferenciado daquele executado pelas agências de viagens e turismo pela sua atividade de fornecedor e organizador de produtos elaborados (pacotes) ao mercado de agências em geral, e não pela venda direta ao consumidor. Também se diferenciaria por operacionalizar os serviços locais (receptivos) sem a utilização de terceiros, quando o turista está consumindo o produto elaborado por essa empresa.

A análise e reflexão dos conceitos apresentados reforçam a hipótese do pesquisador de que os consolidadores não se enquadram na classificação promulgada pela legislação brasileira de agências de turismo. O trabalho executado pelas empresas de consolidação, no mercado de agências, não se assemelha às funções descritas por essa legislação.

As empresas de consolidação têm seu trabalho originado nas atividades desenvolvidas pelos agentes gerais (GSA), representantes oficiais de companhias aéreas, e também pelas agências de turismo que repassavam os produtos de empresas aéreas nacionais, como é o caso da Rextur, que, desde a sua criação, comercializa serviços para a Varig em São Paulo.

Apesar de serem empresas turísticas classificadas como agências de turismo, não exercem as funções de assessoria ou consultoria, nem mesmo organizam ou elaboram viagens. Somente a intermediação de produtos aproxima os consolidadores das agências de turismo, porém essa atividade está restrita aos serviços oferecidos pelas transportadoras aéreas, das quais é seu distribuidor no mercado.

O trabalho das companhias aéreas que destinam seus produtos aos consolidadores é executado fielmente, reproduzindo-se todas as etapas de comercialização, operacionalização, promoção e divulgação, o que caracteriza essas empresas como um perfeito canal de distribuição e prestação de serviços.

Companhias Aéreas — Clientes-Fornecedores

Os clientes-fornecedores do produto do transporte aéreo nas empresas de consolidação no mercado turístico são as companhias aéreas.

O trabalho realizado para as companhias aéreas refere-se a reservas de assentos, cálculos de tarifas e emissão de bilhetes, facilitação das negociações com as empresas (contas corporativas) por intermédio de seu agente de viagens, negociações com operadoras de pacotes nacionais e internacionais, entre outros.

Além de todos esses aspectos, as empresas de consolidação assumem a responsabilidade financeira, uma vez que as agências de turismo integralizam os pagamentos dos bilhetes aéreos emitidos aos consolidadores, que, por sua vez, devem repassar às companhias aéreas por meio do BSP (*Billing Settlement Plan*).

A emissão de bilhetes aéreos representa para as agências de turismo uma fonte de receita certa e segura, por isso as companhias aéreas sempre procuraram facilitar a comercialização de seus produtos junto ao mercado. Os agentes de viagens são considerados seus maiores vendedores e contribuem para o bom desempenho comercial dessas empresas, distribuindo seus produtos em larga escala.

As exigências impostas pela Iata, antes da implantação do BSP e mesmo para a filiação a esse sistema, para as agências de turismo comercializarem bilhetes aéreos, restringem a algumas agências a participação no processo.

Durante muitos anos, para que uma agência pudesse comercializar bilhetes aéreos diretamente junto às companhias, eram necessários procedimentos legais, solicitados pela Iata, tais como:

- a filiação em organismos nacionais competentes (Embratur e SNEA);
- estar em funcionamento há pelo menos um ano;
- apresentar instalações adequadas aos padrões Iata;
- apresentar um capital social mínimo estipulado, registrado oficialmente;
- após a obtenção do registro Iata, solicitar crédito para cada uma das companhias com as quais desejasse negociar, as quais estabeleceriam uma fiança bancária para a concessão do crédito.

Na década de 70, apenas 23 agências de turismo possuíam um registro Iata na cidade de São Paulo e trabalhavam como repassadores de bilhetes às demais agências que não tinham condições de se estruturar para obter o registro.

No entanto, a partir da década de 80, com a expansão do mercado, outras agências foram se estabelecendo e a imposição de registro Iata começou a dificultar os relacionamentos entre essas empresas e as companhias aéreas, fator amenizado pela contribuição dos agentes gerais, que se fortaleceram mais nesse período.

Os agentes gerais absorviam a demanda prejudicada pela exigência da filiação à Iata, pela qualidade e eficiência dos serviços oferecidos e também pela simplificação do crédito oferecido por essas empresas às agências de turismo.

Mesmo assim, a expansão do mercado se tornou significativa, e as agências que possuíam o registro Iata tentavam obter os serviços prestados diretamente pelas companhias aéreas, que, por sua vez, mantinham até então um quadro funcional relativamente bem-estruturado.

Deve-se registrar que, até o final da década de 80, as companhias aéreas que operavam rotas internacionais no Brasil mantinham uma freqüência de apenas um ou dois vôos semanais para seus principais destinos.

Nessa época, apenas a Panam, como empresa estrangeira, operava vôos para os Estados Unidos a partir do Brasil, e a Varig era a única companhia aérea brasileira a operar vôos internacionais, também com pouca freqüência para cada destino no exterior.

Dessa maneira, não era tão difícil para as companhias aéreas, com essa quantidade de oferta de assentos e seu trabalho dividido com os agentes gerais, atender às agências de turismo do mercado paulistano.

A interferência das conjunturas econômico-financeiras ocorridas pelo mundo a partir da segunda metade da década de 80, principalmente o aumento do petróleo e as guerras que viriam a acontecer até a década de 90, entre outros fatores, pressionou as companhias aéreas a tomarem medidas restritivas, chegando até a redução de seus quadros funcionais em todo o mundo.

A redução de funcionários aqui no Brasil prejudicou a comercialização dos bilhetes aéreos junto ao mercado de agências de turismo. Sendo assim, os agentes gerais passaram a atender uma quantidade maior de clientes, suprindo as deficiências deixadas pelas companhias aéreas.

Ao mesmo tempo, a demanda de turistas brasileiros para o exterior continuava a aumentar, fortalecendo ainda mais o mercado de agências, que nesse período sobrevivia quase exclusivamente da comercialização de bilhetes aéreos internacionais.

Então, no início da década de 90, com a chegada da American Airlines e da United Airlines e o conseqüente aumento da oferta de assentos para os Estados Unidos, o mercado consumidor foi aquecido, propiciando também um aumento nas freqüências[1] de vôos para todos os destinos, principalmente a Europa.

Com todas essas mudanças de mercado, as companhias aéreas decidiram implantar o sistema BSP no Brasil, que incentivou o trabalho das empresas de consolidação, uma vez que a evolução dos agentes gerais para essa nova denominação já estava em processo.

Pode-se observar ainda que, na década de 90, as companhias aéreas nacionais também passaram por um processo de aquecimento, com o início da proliferação de vôos dentro do País (expansão da TAM, principalmente) e o surgimento de concorrentes brasileiras para a Varig, na operacionalização de vôos para o exterior.

Assim, a Transbrasil operava uma rota exclusiva para Orlando e Miami nos Estados Unidos, e a Vasp, que iniciou suas operações de vôos internacionais também para Miami, expandiu depois suas rotas para a Europa.

As empresas de consolidação passaram então a absorver a maior parte do trabalho executado pelas companhias aéreas referente à comercialização de bilhetes, que mantinham um quadro funcional reduzido, mais voltado ao atendimento do consumidor final e aos trâmites burocráticos e administrativos, exigidos pela implantação do sistema BSP.

Após uma década de reestruturação funcional e administrativa com a superação das dificuldades financeiras enfrentadas, ao menos parcialmente, as companhias aéreas encontraram novamente seu caminho, dedicando-se mais ao mercado de negócios (*business*) e à divulgação de seus produtos agregados, como cartões

[1] As companhias aéreas internacionais possuem hoje, em sua maioria, uma freqüência diária de vôos para seus principais destinos. Algumas oferecem até dois ou três vôos diários, como é caso da American Airlines, por exemplo.

de fidelização de clientes, pacotes de viagens[2], entrega de encomendas (TAM Express, Variglog) e sistemas de distribuição (Delta — Worldspan), entre outros.

Seguindo uma tendência mundial, as alianças entre as companhias aéreas colaboram para a melhoria da imagem e do fortalecimento dessas empresas. As alianças têm a finalidade de favorecer os usuários das companhias aéreas agregadas e também seus distribuidores e fornecedores, por meio da implantação de facilidades como a padronização de serviços e atendimento em todas as localidades onde essas empresas estão em atividade; serviços de *catering* padronizados; possibilidade de acúmulo de milhas em cartões de fidelidade de uma empresa para outra; facilidades na comercialização de bilhetes com a padronização de classes e sistemas de reservas; e facilidades no *check-in* dos aeroportos, entre outros serviços.

As companhias aéreas acreditam que essas alianças podem facilitar sua expansão comercial não só pela fixação de uma *marca* ligada à qualidade e à satisfação de seus clientes, já conquistada por algumas de suas aliadas, mas também pela possibilidade de minimizar custos operacionais e funcionais em longo prazo.

Cada empresa mantém sua identidade e suas características administrativas e financeiras independentes, procurando padronizar áreas em que os serviços prestados a clientes são mais evidentes, o que facilita os contatos com seus fornecedores e distribuidores.

As companhias aéreas desenvolvem esse programa de parceria na prestação de serviços como uma estratégia principal, baseada

[2] British Airways, Delta e TAM possuem um setor de viagens que atende ao consumidor final — o turista —, comercializando pacotes com hotéis, passeios, refeições e outro serviços incluídos.

em um planejamento de marketing, que tem nas empresas européias e norte-americanas sua âncora.

Assim, as alianças mais conhecidas no Brasil são a SkyTeam, formada pela Delta, Air France, Aeroméxico e Korean; a StarAlliance, formada por cerca de 18 empresas, com destaque para Varig, United, Lufthansa, Air Canada, Thai e Mexicana, e a One World, formada pela British Airways, American Airlines e outras.

Com todos esses acontecimentos, o papel do consolidador tornou-se ainda mais importante para as companhias aéreas, que obtêm por meio dessas empresas uma produção significativa, ultrapassando facilmente um terço de seu movimento total, como no caso, por exemplo, da Companhia Aérea "X".

Consolidadores — O Que São Essas Empresas?

O vocábulo *consolidação*, segundo o *Minidicionário Aurélio da Língua Portuguesa* e o *Grande Dicionário Larousse Cultural da Língua Portuguesa* pesquisados, significa "a ação de tornar sólido, de fortalecer: consolidação de uma fortuna" ou, ainda, "a fusão de várias empresas em uma só". Essa última interpretação é a que melhor se enquadra ao termo atualmente utilizado no mercado turístico para as empresas de *consolidação.*

Alguns autores abordam a intermediação de serviços turísticos ou a comercialização de produtos turísticos, utilizando o termo *consolidação.*

Tomelin (2001, p. 26) apresenta, a partir da classificação básica oferecida pela Embratur, seis tipos de agências de turismo identificadas no Brasil: Agências de Viagens Detalhistas; Agências de Viagens Maioristas; Agências de Viagens *Tour Operators*; Agências de Viagens Receptivas; Agências de Viagens e Turismo Consolidadoras e Agências de Viagens e Turismo Escola.

> As Agências de Viagens e Turismo Consolidadoras são empresas de turismo classificadas junto à Embratur como agências de viagens e turismo e têm, como função, a consolidação de serviços junto às transportadoras aéreas repassando bilhetes (TKT'S) às agências que não possuem credenciais para este fim. A denominação é senso comum no mercado informal e, em tese, conteúdo de aula na disciplina de Agências e Transportes de cursos superiores de Turismo, por ser uma realidade e, portanto, precisar ser discutida nos estudos. A exemplo, Orinter e Rextur. (Tomelin, 2001, p. 25)

Esse conceito é totalmente oposto à hipótese defendida neste trabalho, que afirma serem os consolidadores empresas de prestação de serviço, e não agências de turismo. Por outro lado, corrobora as informações relativas à importância dos consolidadores dentro do mercado turístico paulistano.

Pereira apresenta as empresas consolidadoras quando classifica em níveis os canais de distribuição no mercado turístico. Assim, tem-se:

a. Nível 0 — distribuição direta. Envolve somente o produtor e o consumidor final;
b. Nível 1 — "contém um intermediário entre o produtor e o consumidor, função que normalmente o agente de viagens exerce" (Pereira, 2001, p. 82);
c. Nível 2 — "envolve um atacadista que venderia ao varejista, e daí ao consumidor final" (Pereira, 2001, p. 82). Os *General Sales Agents* (GSAs — agentes gerais) exercem esse papel no mercado turístico;
d. Nível 3 — "acrescenta a esta cadeia um corretor entre o atacadista e o varejista. É utilizado quando o atacadista não consegue, por conta própria, servir adequadamente os vare-

> jistas. No turismo existe a figura do repassador, ou consolidador, que compra em grandes quantidades do GSA — Agente Geral — em condições favoráveis para repassar aos agentes varejistas e ainda pagar-lhes comissão". (Pereira, 2001, p. 82-83)

Nesse conceito, o autor apresenta o consolidador como um corretor, que é utilizado quando os atacadistas não conseguem servir adequadamente os varejistas. A colocação do agente geral (GSA) como atacadista, que vende ao mercado de agências por meio do consolidador, não está completamente errada.

Existem companhias aéreas, como a Japan Airlines, por exemplo, que distribuem seus produtos tanto diretamente ao mercado quanto por meio dos consolidadores, porém a grande maioria comercializa seus serviços via consolidadores. É fato que, atualmente, essas empresas preferem desfazer seus contratos de acordo com seus representantes oficiais, os GSAs ou agentes gerais.

Considerados inicialmente como concorrentes pelas agências de turismo e como repassadores dos produtos do transporte aéreo, os consolidadores passaram por um período de maturação de cerca de quase dez anos para que se transformassem em parceiros tanto das companhias aéreas como dos agentes de viagens.

Origem e Evolução do Mercado Paulistano

Entre os vários fornecedores de produtos turísticos aos agentes de viagens conhecidos no Brasil, é importante apresentar os consolidadores, empresas desenvolvidas no início da década de 90 e que tiveram seu trabalho originado a partir dos GSAs, cuja função é representar as companhias aéreas.

A apresentação da estrutura e do suporte oferecidos pelos consolidadores na execução das tarefas de cada uma das companhias aéreas impressiona pelo fato de reunir métodos de trabalho e estratégias operacionais e administrativas diferentes.

No início da década de 70, existiam, na cidade de São Paulo, cerca de 23 agências de turismo credenciadas pela Iata. Esse registro lhes permitia solicitar a emissão de bilhetes aéreos internacionais, diretamente nas companhias aéreas, pela emissão de Ordens de Passagens.[3]

Os agentes de viagens que possuíam registro Iata funcionavam como repassadores do produto do serviço de transporte aéreo, emitindo os bilhetes aéreos internacionais para as demais agências de turismo que operavam no mercado paulistano.

Para facilitar a comercialização dos produtos aéreos no Brasil foram introduzidos, nesse período, seus representantes oficiais — os GSAs — obrigados por contratos a seguir padrões de atendimento e normas de vendas e comercialização de produtos, fora de seu domicílio. Essas empresas, reconhecidas mundialmente por quase todas as companhias aéreas, foram, durante a década de 90, gradualmente substituídas pelos atuais consolidadores.

A utilização dos agentes gerais pelas agências de turismo caracterizou-se pela necessidade que as companhias aéreas tinham de atender a uma demanda cada vez mais crescente de turistas e homens de negócios, constatação feita pela observação prática do pesquisador.

Também teve origem pela deficiência tecnológica do País no setor de informática aplicada especificamente ao transporte aéreo, que foi sendo disponibilizada com a introdução dos Sistemas Glo-

[3] Documento de solicitação de serviços para os transportes aéreos criado pela Iata e utilizado por todo o mercado de agências de turismo no Brasil.

bais de Distribuição (GDS)[4] no mercado turístico, complementada com a implantação, no Brasil, do *Billing Settlement Plan* (BSP), a ser abordado adiante neste trabalho.

Com a dinamização do mercado e a ampliação do número tanto de agências quanto de companhias aéreas, surge, na década de 90, a figura do consolidador, que se coloca na condição de facilitador da comercialização do transporte aéreo, oferecendo serviços operacionais às agências de turismo. Por serviços operacionais entende-se toda a gama de procedimentos ligados à comercialização de bilhetes aéreos. A execução de uma reserva em um vôo específico de uma companhia aérea, a elaboração de rotas e o cálculo de sua tarifa, a emissão propriamente dita, além das atividades relacionadas à administração contábil e financeira dos referidos bilhetes.

A segmentação do mercado turístico, iniciada na década de 80, resultou na proliferação de agências de turismo de pequeno porte, ligadas ao segmento varejista, que passaram a necessitar de intermediários para a obtenção de produtos turísticos, principalmente do transporte aéreo, cuja comercialização significou, por muitos anos, sua principal fonte de receita.

Até o início da década de 90, para divulgar e distribuir seus produtos as companhias aéreas utilizavam seus agentes gerais ou realizavam diretamente o trabalho de atendimento, dentro de um mercado que se caracterizava pela pulverização de agências de turismo de pequeno e médio porte.

[4] Sistemas de altas capacitações tecnológicas, criados pelas companhias aéreas — inicialmente para controle de suas reservas de assentos e vôos (CRS — Sistemas Centrais de Reservas) — para facilitar o manuseio de informações sobre horários de vôos, disponibilidade de reservas de assentos, códigos de países, cidades, aeroportos, além de possibilitar a venda de outros produtos agregados ao transporte aéreo, como hotéis, locadoras de automóveis etc. Esses sistemas possibilitam também a emissão de bilhetes aéreos automáticos.

Os efeitos de grandes mudanças na economia mundial, principalmente com a Guerra do Golfo Pérsico, a desregulamentação das tarifas aéreas no mercado norte-americano, além de problemas sociais e político-financeiros enfrentados durante o governo Collor, obrigaram as companhias aéreas a racionalizar e enxugar seu quadro de funcionários, o que também ocorreu em outros setores produtivos no País.

Surgiu também nesse período, por imposição das próprias companhias aéreas, o sistema BSP (implantado pela Iata), com a finalidade de padronizar e simplificar a administração, cobrança e distribuição dos bilhetes aéreos no Brasil. Como esse sistema já existia em outras partes do mundo, esperava-se que sua implantação no País pudesse ser operacionalizada fácil e rapidamente, o que na prática não aconteceu.

As dificuldades na implantação de uma tecnologia adequada às exigências de operacionalização do sistema, a falta de capital humano preparado para a utilização e a baixa rentabilidade obtida pelas agências de turismo nos últimos anos contribuíram de forma decisiva para esse atraso.

Diante desse panorama de dificuldades, as companhias aéreas passaram então a apoiar cada vez mais o desenvolvimento das empresas de consolidação na cidade de São Paulo, o que veio facilitar e solucionar seus problemas imediatos de comercialização e distribuição de bilhetes aéreos.

Representando várias companhias aéreas, nacionais e internacionais, os consolidadores passaram a reunir um leque diversificado de opções de bilhetes aéreos e destinos, permitindo aos agentes de viagens uma visão melhor da oferta existente, mediante um número reduzido de consultas.

A evolução de representantes oficiais — agentes gerais — para as empresas de consolidação ocorreu de forma natural, com alterações e ajustes legais e contratuais estabelecidos, bem como da filiação ao BSP, em novos canais de distribuição dos produtos das companhias aéreas.

O reconhecimento dos benefícios operacionais e financeiros decorrentes da atuação dos consolidadores como fornecedores de serviços foi obtido, na medida em que as agências de turismo e as companhias aéreas constataram resultados econômicos positivos em suas relações comerciais.

O nome Rextur firmou-se no mercado paulistano como uma marca de "Fidelidade ao Agente de Viagem", seu principal e único cliente, ao oferecer um serviço de qualidade e dar garantias a seus produtos. Também as companhias aéreas passaram a confiar nesse consolidador, sabendo da idoneidade e respeito com que seu produto é tratado e representado.

É preciso mencionar que, por não ser possível a localização de uma bibliografia específica que relatasse a maioria dos eventos aqui mencionados, os autores valeram-se da experiência profissional de um deles em atividades desenvolvidas junto a agências de turismo, GSAs e consolidadores por mais de 20 anos. Foram importantes também informações relatadas por funcionários e diretores da Rextur Viagens e Turismo Ltda., empresa que, desde meados da década de 70, atuava no mercado como agente geral.

Canais de Distribuição

Os serviços prestados no setor turístico necessitam manter-se próximos de seus consumidores, principalmente na comercialização de um *resort* no Caribe ou de um navio que oferece cruzeiros marítimos no mar Mediterrâneo, serviços que só podem ser apresentados aos clientes por empresas de representação espalhadas pelo mundo.

Os meios de hospedagem e as transportadoras ferroviárias, marítimas e aéreas são algumas das empresas que mais utilizam canais de distribuição para fornecer seus produtos ao mercado turístico, atingindo, assim, seus consumidores finais, os turistas.

Os canais de distribuição são fundamentais à medida que facilitam a penetração, promoção, divulgação e comercialização de produtos em geral, tornando-os acessíveis ao consumidor final, por meio de empresas fornecedoras.

No setor turístico esses fornecedores desempenham papel estratégico e importante, pois, como no caso dos hotéis, torna-se impossível fazer que o produto chegue diretamente às mãos do consumidor final sem que haja um canal intermediário para auxiliar na sua comercialização e divulgação.

É necessário que se estabeleçam os produtos e serviços a serem comercializados, para então determinar o processo de distribuição e de venda, assegurando seu melhor escoamento no mercado.

O produto turístico envolve, na sua elaboração, insumos diversificados que, de maneira geral, são disponibilizados ao consumidor final na forma de pacotes turísticos (nacionais ou internacionais), nos quais esses serviços são reunidos para facilitar sua comercialização.

Cada produto ou serviço turístico chega ao consumidor de forma diferenciada, porém todos podem ser adquiridos diretamente do produtor, a exemplo de hotéis, locadoras de automóveis e transportadoras aéreas, aos quais o consumidor tem acesso direto ou por meio de seus canais de distribuição, uma agência de turismo, por exemplo.

As agências de turismo são consideradas um importante canal de distribuição ou intermediação dos serviços turísticos, auxiliando no processo de divulgação e fornecendo todo o tipo de informações para facilitar o consumo desses produtos.

Sobre esse tema, é importante apresentar ainda as teorias de Krippendorf (apud Beni, 1998, p. 179). Segundo ele, os canais de distribuição no setor turístico são uma cadeia de empresas economicamente independentes, pelas quais o produto ou o direito sobre ele é levado ao consumidor final.

Para demonstrar sua teoria, Krippendorf elaborou um esquema básico dos canais que compõem a estrutura da distribuição dos produtos turísticos, no qual apresenta todo o seu processo de comercialização. Nele aparecem os canais diretos, que podem ser considerados os próprios serviços turísticos (meios de hospitalidade, modais de transporte, restaurantes), e os indiretos (agências de turismo), que fornecem esses serviços ao mercado ou ao consumidor final — o turista —, apoiado pelas organizações cooperativas de cada serviço oferecido, conforme a Figura 1, apresentada a seguir.

Conclui-se então que os consolidadores — empresas turísticas, prestadoras de serviços que funcionam como canal de distribuição específico dos serviços do transporte aéreo — enquadram-se perfeitamente nas teorias formuladas pelos autores citados, relativas à distribuição de produtos turísticos.

Prestação de Serviços a Clientes-Consumidores e Fornecedores

Como intermediador de serviços prestados por companhias aéreas para agências de turismo, o consolidador necessita estruturar-se como uma empresa independente, elaborando seu trabalho de forma específica e dirigida especialmente à satisfação de seus clientes.

Assim, deve estar apto a atender às necessidades e desejos de seus clientes-consumidores, as agências de turismo, e cumprir os padrões operacionais de qualidade e eficiência exigidos de seus clientes-fornecedores, as companhias aéreas.

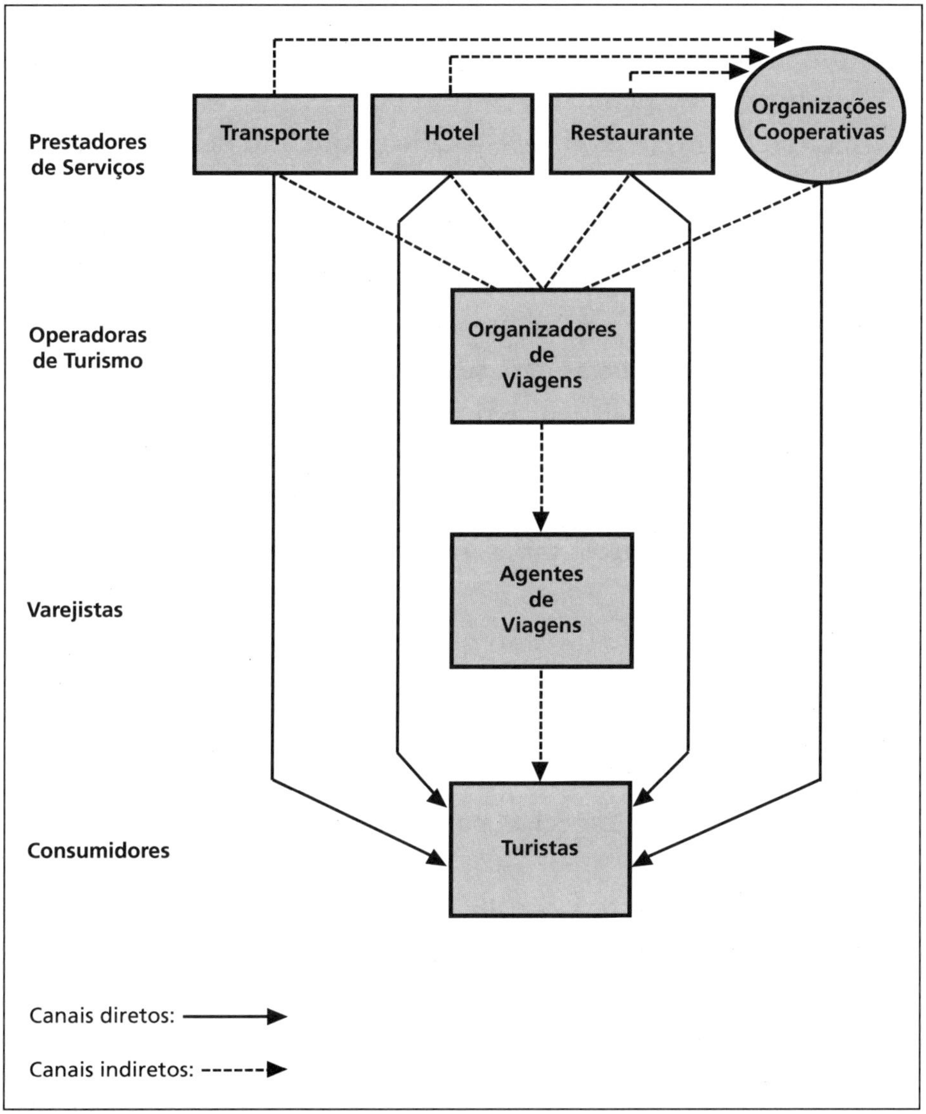

Fonte: KRIPPENDORF, J. *Marketing et Tourisme*. Ed. Lang, Berna, 1971, p. 126.

Figura 1 — Canais de distribuição.

Em um mercado de agências de turismo tão diversificado como o da cidade de São Paulo, as empresas de consolidação devem ter a capacidade de atuar junto a empresas que apresentam necessidades distintas.

Empresas de pequeno e médio porte, como as agências varejistas, precisam de serviços específicos, que vão desde processar a consulta de uma simples disponibilidade de espaço em aeronaves até a emissão de bilhetes aéreos. Por isso têm de concentrar o máximo possível esses procedimentos em um único fornecedor, que centralize inclusive seu crédito e seja capaz de dispor de várias opções de empresas aéreas para sua escolha.

As agências de viagens e turismo e operadoras turísticas, cuja estrutura é bem maior, também necessitam dos serviços operacionais e comerciais dos consolidadores junto a algumas companhias aéreas para negociarem tarifas ou condições especiais para grupos específicos.

Já as agências de turismo que trabalham com o segmento de negócios (*business*),[5] muito desenvolvido no mercado paulistano, utilizam os serviços das empresas de consolidação não só pelas facilidades operacionais, como também pela possibilidade de conseguir negociações especiais para seus clientes junto às empresas aéreas.

Considerados potenciais distribuidores dos serviços de transporte aéreo, os consolidadores auxiliam tanto na execução de todos os

[5] Atendimento a contas corporativas: são agências de turismo que trabalham com empresas nacionais ou multinacionais, cujo deslocamento de executivos que utilizam serviços turísticos variados é tão grande que demanda um atendimento personalizado e específico dessa agência. Em alguns casos, devido ao volume de produtos e serviços solicitados, é necessário inclusive que se mantenha um Posto de Serviços dentro da própria empresa para melhor atendimento (caso, por exemplo, de algumas das empresas do Grupo Votorantim, que são atendidas pela Agência Carlson Wagon Lits).

serviços operacionais e administrativos das companhias aéreas, como na divulgação e promoção desses produtos, disponibilizando, para tanto, campanhas de marketing, Internet, departamentos de vendas (promotores) e outras estratégias específicas.

A intermediação ou utilização de canais de distribuição, mais especificamente dos consolidadores, na comercialização de serviços do transporte aéreo não interfere no preço final pago pelo turista nos bilhetes aéreos. De acordo com Pereira (2001, p. 78), "... o maior número de intermediários não eleva o preço do produto final, existe apenas a diluição da comissão da venda".

Ainda segundo esse autor, os distribuidores são intermediários comissionados que beneficiam tanto o viajante quanto a destinação ou, no caso do mercado, as empresas turísticas, que podem reduzir seus investimentos operacionais, uma vez que os distribuidores realizam funções que caberiam a elas desempenhar, como a divulgação de seus produtos ou a sua operacionalização. Os distribuidores "funcionam como especialistas que orientam o consumidor diante da grande variedade de ofertas". (Pereira, 2001, p. 79)

No caso das companhias aéreas, o papel do consolidador é exatamente o de minimizar seus custos operacionais, otimizando o atendimento de seus clientes. Uma empresa de consolidação pode reunir uma carteira de clientes muito grande e variada — como a Rextur, que possui hoje, aproximadamente, 700 clientes ativos —, divulgando seus produtos dentro do mercado de agências de turismo.

Capacitação Profissional

As informações contidas neste item referem-se exclusivamente a Rextur Viagens e Turismo Ltda.

Para ser capaz de atender com eficiência seus clientes-fornecedores e consumidores, a empresa de consolidação mantém uma estrutura organizacional e funcional complexa, que exige um plano administrativo forte e eficaz.

Essas empresas são capazes de acompanhar mudanças rápidas e radicais, ocorridas em toda parte do mundo, pois estão totalmente adaptadas à globalização nos negócios e na tecnologia de informática, bases de seu trabalho operacional.

A empresa e seus funcionários devem ser capazes de se articular de forma a conjugar todos os esforços das áreas de operacionalização e comercialização dos bilhetes aéreos, satisfazendo de forma plena e total tanto os clientes-consumidores quanto os clientes-fornecedores.

As companhias aéreas, clientes-fornecedores, impõem ao consolidador, além de regras rígidas de operacionalização e administração, metas de produção a ser alcançadas, a fim de melhorar sua remuneração pelo volume de bilhetes emitidos.

Por se tratar de um produto único a ser comercializado, as estratégias administrativas adotadas pelas empresas de consolidação são as mais fáceis de ser aplicadas, no que se refere a questões do funcionamento de uma rede básica de cobrança e faturamento, organizada de forma a controlar todos os milhares de bilhetes emitidos e distribuídos no mercado.

Com relação aos setores de divulgação do produto, marketing, comercialização e operacionalização, tudo é muito complexo. Esse tipo de trabalho deve voltar-se, especificamente, para as necessidades de cada companhia aérea representada, o que exige a manutenção de um quadro funcional muito bem treinado e capacitado.

Assim, é necessário preparar o capital humano, de forma a atender não só os agentes de viagens (clientes-consumidores), mas também para que possa se colocar como representante legítimo das companhias aéreas (clientes-fornecedores), atuando como se fosse um funcionário dela.

Ao se lidar com cerca de 36 companhias aéreas diferentes, deve-se dominar todas as regras e informações pertinentes a cada uma delas, sabendo transmitir ao cliente-consumidor, com segurança e agilidade, todas as informações necessárias para que ele possa completar sua venda junto aos passageiros ou turistas interessados.

O profissional que atua nessas empresas prestadoras de serviços deve possuir habilidades técnicas específicas relativas ao trabalho operacional de agentes de reserva, emissores de bilhetes e tarifistas, assim como os funcionários da área administrativa e comercial (promotores de vendas) também devem ter domínio total de suas funções.

Além de habilidades técnicas específicas, o profissional atuante nas empresas de consolidação deve:

- manter-se atualizado com as alterações ocorridas no mercado turístico;
- estar em dia com as atualidades econômicas mundiais que interferem nas atividades desenvolvidas pelas companhias aéreas (taxas de câmbio mundial, juros de financiamentos);
- conhecer profunda e minuciosamente o produto oferecido pela companhia aérea representada;
- ter domínio de todo o fluxograma da empresa consolidadora, sendo capaz de orientar e encaminhar seus clientes nas mais diversas consultas;
- ser sempre simpático, atencioso e educado (básico em qualquer segmento de trabalho).

Para facilitar o atendimento a seus clientes-consumidores, a Rextur divide seu quadro funcional por setores de companhias aéreas: européias, norte-americanas, brasileiras com vôos nacionais ou com vôos internacionais e outras companhias.

Os gestores que atuam nessas empresas devem estar aptos a trabalhar como intermediadores entre a meta imposta pela direção e a ação executada por seus subordinados, não se esquecendo das características especiais que cada tipo de cliente apresenta.

As peculiaridades de domínio e compreensão dos negócios, da organização, seu ambiente e identificação das oportunidades alternativas revelam a necessidade por parte do gestor de aprender a enxergar a empresa de modo sistêmico. Ou seja, todas as partes da empresa pertencem a um único sistema que deve ser integrado de forma a possibilitar que as atividades gerais desenvolvidas em um departamento complementem o trabalho do outro, em uma cadeia interminável. As empresas de consolidação empregam um grande número de profissionais dos mais variados níveis de formação educacional, que devem ser treinados e preparados para desempenhar funções diferentes e com constantes mudanças, sofrendo interferência direta da alta tecnologia globalizada, da informática, da economia mundial, do desenvolvimento de alianças e parcerias de trabalho, que possibilitam melhor incremento nas transações comerciais.

BSP (*Billing Settlement Plan*) — Sistema Facilitador

BSP é a sigla de *Billing* (ou *Bank*) *Settlement Plan,* sistema criado e monitorado pela Iata, por solicitação das companhias aéreas, com a finalidade de padronizar procedimentos referentes à utilização de documentos gerados pelas agências de turismo, quando da comercialização de bilhetes aéreos.

O primeiro sistema BSP desenvolvido por companhias aéreas no mundo foi implantado pela Iata, no Japão, em 1971. O sistema existe em 150 países e veio para o Brasil em 1991, onde não conseguiu ainda atingir todo o mercado de agências de turismo.

Os procedimentos padronizados pelo sistema BSP referem-se à venda de bilhetes aéreos, à conseqüente emissão de relatórios de controle e ao pagamento de faturas geradas pelos agentes de viagens, junto às empresas aéreas participantes do sistema.

Por meio de um Centro de Processamento de Dados, o BSP gerencia:

a. o faturamento e os valores remetidos pelas agências de turismo ao banco de compensação (*Clearing Bank*) por ele designado.[6] Isso significa que, após a emissão e o reporte de todos os documentos de tráfego gerados, as agências de turismo devem encaminhar seus relatórios ao BSP, que, por meio desse centro de processamento de dados, vai elaborar faturas para cobrança, que serão entregues aos respectivos bancos autorizados para serem processadas.

b. a divisão dos valores remetidos ao banco de compensação pelas agências de turismo, relativos aos documentos de tráfego por elas geradas para cada uma das companhias aéreas participantes do sistema. Após a quitação das faturas pelas agências de viagens, o BSP separa os pagamentos relativos a cada uma das empresas aéreas envolvidas na comercialização dos documentos de tráfego.

No Brasil, participam do sistema BSP 36 empresas aéreas que operam rotas nacionais e internacionais, identificadas por seus códigos de registro na Iata, conforme relação apresentada no Quadro 1.

[6] Banco autorizado no Brasil: Banco de Boston.

O alcance desse produto no mercado turístico é bastante representativo, pois existem cerca de cinco mil pontos-de-vendas que utilizam o sistema BSP no Brasil, divididos entre agências de turismo Iata, não-Iata, filiais de agências e postos de serviços.

Apesar de apresentar um número significativo de consumidores, o sistema BSP ainda não foi totalmente absorvido pelas agências de turismo no País, principalmente em razão da resistência de muitos empresários à implantação de novas tecnologias, do pouco investimento realizado no capital humano de suas empresas e, também, do

Quadro 1 — Relação das companhias aéreas participantes do sistema BSP

Número Iata	Companhias Aéreas	Número Iata	Companhias Aéreas
001	American Airlines	**125**	British Airways
005	Continental Airlines	**131**	JAL
006	Delta Airlines	**132**	Mexicana
014	Air Canadá	**133**	Lacsa
016	United Airlines	**139**	Aeroméxico
042	Varig	**151**	Interbrasil
044	Aerolíneas Argentinas	**205**	All Nippon
045	Lan Chile	**220**	Lufthansa
047	TAP	**230**	Copa
051	Lloyd Aéreo Boliviano	**264**	Nordeste
055	Alitalia	**286**	Pluna
057	Air France	**293**	Rio Sul
074	KLM	**341**	Ecuatoriana
075	Iberia	**343**	Vasp
081	South African	**653**	Transbrasil
085	Swissair	**680**	Spanair
117	SAS	**692**	TAM Mercosul*
118	TAAG	**957**	TAM**

* Bilhetes para rotas nacionais
** Bilhetes para rotas internacionais

Fonte: Impressos do BSP.

hábito de contar sempre com alguém que execute os serviços operacionais e se responsabilize pelos resultados positivos ou negativos.

O funcionamento do sistema BSP visa facilitar os procedimentos burocráticos gerados por serviços operacionais realizados pelas agências de turismo para as companhias aéreas. Portanto, é necessário que sejam cumpridas algumas etapas descritas a seguir.

A utilização de um modelo único de documento de tráfego (*Standard Traffic Document* — STD — bilhetes aéreos neutros) possibilita aos agentes de viagens iniciarem as demais etapas do processo de padronização oferecido pelo sistema.

As agências de turismo devem proceder a um cadastramento junto ao BSP, conforme será visto adiante.

Após ter crédito e cadastro aprovados, a agência de turismo pode solicitar ao BSP os documentos e equipamentos necessários para a comercialização dos bilhetes aéreos. Esse processo é complexo, envolve muitas etapas de trabalho e, na maioria dos casos, a aquisição de ferramentas tecnológicas para melhor aproveitamento do sistema.

Inicialmente são solicitados os documentos de tráfego (bilhetes aéreos), entregues em lotes (conhecidos no mercado como *estoque*) aos agentes de viagem, que se tornam responsáveis por sua guarda e pagamento, quando utilizados. Devem ser também solicitados os formulários administrativos padronizados, que auxiliarão nos processos de remessa de relatórios de bilhetes emitidos, reembolso, pagamentos contra cartões de crédito, entre outros.

Para poder validar seus documentos de tráfego, as agências de turismo necessitam que cada uma das empresas participantes dos sistemas seja especificada pelas plaquetas metálicas de identificação (CIP — *Carrier Identification Plates*), nas quais constam o número Iata da companhia aérea e seu nome. Para cada companhia aérea que a agência queira emitir bilhetes, é preciso solicitar uma plaqueta (processo individualizado).

Necessitam, ainda, adquirir um validador (*Agent Validator Plate*), pequena máquina que imprime o número Iata da agência de turismo e a plaqueta da empresa aérea no bilhete a ser emitido.

Com esses procedimentos, a agência de turismo pode iniciar a emissão de bilhetes manuais dentro do sistema BSP.

Caso queira emitir bilhetes automáticos pelo computador, a agência de turismo deverá, inicialmente, integrar-se a um dos sistemas globais de distribuição (GDS) disponíveis no mercado.

Esse procedimento depende de acordos contratuais serem determinados entre as agências e os sistemas de distribuição. Para isso, estão disponíveis no Brasil as empresas Galileo, Sabre, Amadeus e Worldspan. Com um sistema de distribuição, a agência solicita uma máquina impressora, que operacionaliza a emissão dos bilhetes aéreos das companhias participantes do BSP.

A partir dessas etapas, as agências podem emitir seus bilhetes, que devem ser reportados, ao final de cada período de faturamento Iata (já explicado anteriormente), ao BSP pelos agentes de viagens. Esse reporte é feito por meio de um único relatório de vendas (*Sales Transmital Form* — STF), que segue com os cupons de contabilidade e demais documentos contábeis para o centro de processamento de dados do BSP.

As agências de turismo realizam o pagamento líquido de apenas uma fatura que abrange todas as transações do BSP feitas em nome de todas as companhias aéreas participantes.

As companhias aéreas, por meio de seus departamentos de contabilidade, conferem os dados recebidos do BSP e enviam às agências de turismo memorandos de crédito/débito, quando necessários.

O sistema BSP propicia às companhias aéreas participantes a facilidade no controle de documentos de tráfego distribuídos aos agentes de viagens, o controle do pagamento das faturas geradas pela comercialização dos bilhetes, a otimização de custos relativos ao cumprimento de procedimentos administrativos e o aumento do controle financeiro.

A apresentação do BSP torna-se importante no contexto do tema abordado neste trabalho, pois, além de ser necessário tornar conhecidas as atividades desenvolvidas por esse sistema, as informações reafirmam a eficácia dos consolidadores no mercado de agências de turismo.

Os procedimentos burocráticos e operacionais exigidos pela Iata, para que as agências de turismo possam utilizar o sistema BSP, dificultam a sua implantação, principalmente se forem analisados os aspectos culturais do mercado e sua dificuldade em adaptar-se às inovações propostas.

O credenciamento ao sistema BSP exige dos agentes de viagens filiação à Embratur e à Iata uma carta de fiança bancária, normalmente com valor muito elevado para os padrões financeiros das pequenas agências de turismo. Além disso, essas empresas precisam dispor de um capital humano muito mais qualificado.

Estudos realizados pelos consolidadores em parceria com o BSP procuram solucionar esse problema por meio de um registro sub-Iata que propicia às agências de turismo a utilização do número de registro Iata, derivado do original que pertence ao consolidador, mediante o cumprimento das exigências de crédito de praxe.

A implantação do BSP foi muito importante para os consolidadores, vindo a facilitar a execução de seus procedimentos operacionais e administrativos, objetivo principal do sistema, uma vez que o grande volume de bilhetes manuseados por essas empresas justifica sua utilização.

Assim, considerando-se o número de companhias aéreas para as quais os consolidadores prestam serviços, fica clara a otimização do trabalho oferecida pela utilização do sistema BSP por essas empresas.

3

Reflexões sobre a Importância dos Consolidadores: Estudo de Casos

OBJETIVOS DO CAPÍTULO:

- Apresentar como a pesquisa foi desenvolvida e os respectivos detalhes científicos.
- Evidenciar a importância do trabalho científico dentro do negócio turístico.
- Apresentar três estudos de caso, evidenciando o papel de cada um dos elementos que interagem no processo da distribuição de serviços turísticos.

Introdução

Para melhor compreensão do processo metodológico utilizado na estruturação deste estudo, estabeleceram-se como roteiro as etapas do projeto de pesquisa empírica com base na bibliografia que aborda, especificamente, a metodologia científica voltada aos estudos do Turismo.

> A pesquisa em turismo parte de bases empíricas, ou seja, da experiência concreta, do confronto com a realidade. Tanto a pesquisa quantitativa quanto a qualitativa são empíricas, pois com ou sem interpretação de dados, maior ou menor distância do objeto investigado, com dados mais ou menos esquematizados, a base é a realidade empírica, a observação dessa realidade por meio de métodos empíricos experimentais. (Dencker, 1998, p. 61)

O Problema da Pesquisa

O problema da pesquisa consiste na seguinte indagação: o papel dos consolidadores pode ser analisado pela ótica da prestação de serviços?

O problema proposto nesta pesquisa visa levar à constatação de como as empresas de consolidação de bilhetes aéreos podem ser analisadas pela ótica da prestação de serviços no mercado de agências de turismo.

Propõe-se também a apresentação do trabalho desenvolvido por essas empresas e os relacionamentos gerados por suas atividades desempenhadas no mercado, com o intuito de comprovar seu caráter de prestadoras de serviços.

Objetivos

Objetivo Principal

Analisar a figura do consolidador, fornecedor e distribuidor de serviços do segmento do transporte aéreo, identificando sua relevância no desenvolvimento dos negócios e relacionamentos por ele gerados, no mercado turístico da cidade de São Paulo.

Objetivos Específicos

a. Identificar os relacionamentos gerados pelos consolidadores entre as empresas de transporte aéreo e as agências de turismo, buscando evidenciar os aspectos positivos ou negativos de sua atuação no mercado turístico na cidade de São Paulo.
b. Analisar a questão da parceria mantida pela empresa consolidadora com as companhias aéreas, cujos serviços distribui, divulga e promove junto ao mercado de agências de turismo.
c. Detalhar o perfil do profissional das empresas de consolidação e as habilidades que deve desenvolver devido, principalmente, à complexidade de regras e detalhes que envolvem a prestação desse serviço, a fim de torná-lo seguro e confiável para ambos os clientes envolvidos na relação entre agências de turismo e companhias aéreas.

Hipóteses

a. Observa-se que o trabalho dos consolidadores se torna relevante à medida que expressa a prestação de serviços estabelecida entre as companhias aéreas e as agências de turismo, gerando um relacionamento de parceria entre essas empresas, o que proporciona uma otimização de negócios para ambas.
b. Os agentes de viagens são beneficiados pelo trabalho de prestação de serviços oferecido pelos consolidadores, por meio de

ações diretas por estes praticadas, relativas, por exemplo, à centralização de negócios (variedade de opções do produto do transporte aéreo), baixo custo operacional e facilidade de acesso a informações nas áreas de emissão, reservas, cálculos de tarifas, além da facilitação de crédito.

c. As companhias aéreas são beneficiadas pelos consolidadores, um canal de distribuição diferenciado no mercado turístico, pelo risco zero no crédito concentrado,[1] pela liberação de grande parte do serviço operacional e por agregar mais uma forma de divulgação de seus produtos, contribuindo para o incremento de suas vendas.

A Pesquisa

O estudo de caso da Rextur Viagens e Turismo Ltda., uma das únicas empresas que atua no mercado paulistano apenas como consolidadora, intenciona determinar sua interferência como prestadora de serviços no desenvolvimento do mercado de agências de turismo, na cidade de São Paulo, durante o ano de 2000.

Para este trabalho, foram levantados, paralelamente, dados de agentes de viagens de segmentos com destaque na conjuntura atual do mercado — Contas Corporativas, Agência 1; Varejo, Agência 2; e Incentivos, Agência 3 — como parâmetros de comparação a serem utilizados na análise dos resultados do estudo de caso.

[1] Os consolidadores assumem os riscos de crédito concedido aos agentes de viagens, responsabilizando-se pelos pagamentos dos bilhetes a eles fornecidos e distribuídos perante as companhias aéreas ou ao BSP. O prazo de faturamento estabelecido é de 13 (treze) dias fora a dezena de emissão; por exemplo: os bilhetes emitidos entre os dias 1º e 10 serão pagos no dia 23 do corrente mês, os emitidos entre 11 e 20 serão pagos no dia 3 do mês seguinte e os emitidos entre 21 e 30 ou 31 serão pagos no dia 13 do mês seguinte.

Com relação à parceria desenvolvida com o fornecedor do serviço do transporte aéreo, a pesquisa foi realizada por meio da observação do desempenho de uma das companhias aéreas com a qual o consolidador estudado — Rextur — mantém sólido relacionamento comercial, a Companhia Aérea "X".

Para fundamentar a afirmação relativa às bases empíricas encontradas nos trabalhos de pesquisa em Turismo, o presente estudo desenvolve-se a partir da pesquisa qualitativa e documental, que permite analisar

> (...) as causas, condições e a freqüência de determinadas situações sociais, mediante as suas observações controladas, possibilitando a compreensão de problemas, estruturas e sistemas sociais. (Dencker, 1998, p. 97)

Implica, ainda, a participação da pesquisadora no universo da ocorrência dos fenômenos sociais analisados.

No decorrer deste trabalho também foi necessário o desenvolvimento de uma pesquisa documental preliminar, visando resgatar os dados apurados nos relatórios de produção, compilados pela Rextur Viagens e Turismo Ltda. em 2000, relativos ao movimento de vendas de seus clientes. A Companhia Aérea "X", empresa escolhida para complementar o trabalho de pesquisa por atuar em parceria com o consolidador, também forneceu alguns dados de produção dentro do mesmo período.

A pesquisa qualitativa auxilia na elucidação de problemas que apresentam

> (...) uma questão relevante que nos intriga e sobre a qual as informações não são suficientes (...) sendo realizadas para preencher lacunas no conhecimento existente (...) tendo caráter descritivo ou exploratório e sendo poucas originadas no campo teórico. (Dencker, 1998, p. 98)

Essas afirmações enquadram-se neste trabalho de pesquisa, que combina a inexistência de uma bibliografia específica referente ao tema consolidação e a participação ativa de um dos autores, observando e gerando informações sobre o assunto.

Universo/Amostra

Dentro do universo de empresas que compõem os canais de distribuição do serviço de transporte aéreo para as agências de turismo no mercado paulistano, destaca-se, com extrema importância, a figura dos consolidadores.

As empresas de consolidação surgiram no mercado de agências de turismo da cidade de São Paulo, no início da década de 90, a partir de dificuldades econômico-financeiras surgidas no cenário nacional e internacional, o que levou as companhias aéreas a mudarem suas estratégias administrativas.

Assim, para melhor entender os relacionamentos comerciais desenvolvidos a partir desse processo, que culminaram no surgimento das empresas de consolidação, é preciso apresentar o universo e as amostras utilizados neste trabalho de pesquisa, que se baseiam nos três elementos fundamentais desta relação: o consolidador, Rextur Viagens e Turismo Ltda.; a Companhia Aérea "X"; e as agências de turismo Agência 1, Agência 2 e Agência 3.

O Consolidador

É representado pela Rextur Viagens e Turismo Ltda., uma empresa prestadora de serviços que atua como distribuidor e fornecedor do transporte aéreo no mercado de agências de turismo.

Existem atualmente na cidade de São Paulo muitas outras empresas que se dedicam ao trabalho de consolidação. As que mais se destacam, por sua magnitude e abrangência, são Advance, Flytour, Gap e Leiser.

A escolha da Rextur Viagens e Turismo Ltda. como elemento de pesquisa neste estudo de caso baseou-se na conveniência e na observação participante de um dos autores que, no período de 1983 até 2001, atuou profissionalmente na empresa.

Presente no mercado desde 1974 (nessa época com outra denominação), a Rextur Viagens e Turismo Ltda. representa cerca de 36 companhias aéreas, nacionais e internacionais, e aproximadamente 700 clientes ativos, em um cadastro de aproximadamente 1.500 agências de turismo na cidade de São Paulo.

Com o objetivo de facilitar o atendimento a seus clientes-consumidores, a Rextur divide as companhias aéreas para as quais presta serviços em cinco setores, distribuídos conforme descrição a seguir.

Companhias aéreas brasileiras (com vôos nacionais) (Gráfico 2)

Nordeste, Pantanal Linhas Aéreas Sul-Mato-Grossenses, Passaredo Transportes Aéreos S.A., Rio Sul, TAM, Transbrasil, Trip Linhas Aéreas, Varig e Vasp. Essas empresas atendem rotas regionais e nacionais, cobrindo a maior parte do território brasileiro. A Varig e a TAM são consideradas as de maior porte, sendo também as mais bem-sucedidas, seguidas pela Rio Sul, que vem crescendo em qualidade e serviços no mercado.

Companhias aéreas brasileiras (com vôos internacionais)

TAM, Transbrasil[2] e Varig. Algumas empresas nacionais oferecem também rotas internacionais. A Varig voa para as principais capitais européias e algumas cidades norte-americanas, como Nova York, Miami e Los Angeles, sendo a pioneira em serviços internacionais no País. Opera ainda para algumas capitais da América La-

[2] No ano de 2000, a Transbrasil ainda era ativa e também operava rotas internacionais.

tina (Buenos Aires, Santiago, Caracas, México), além de voar para o Japão.

Membro da StarAlliance, a Varig trabalha em parceria com grandes empresas aéreas européias e norte-americanas, entre outras, e é representante dessa aliança para as rotas da América Latina.

Já há alguns anos a Varig, assim como outras companhias aéreas, vem trabalhando em sistema de *code-share*[3] (vôo compartilhado), principalmente com as empresas participantes da StarAlliance,[4] visando otimizar a comercialização de seus vôos e tentando adaptar-se às exigências de ajustes orçamentários impostos pelos problemas econômicos globais.

Companhias aéreas européias

Air France, Alitalia, British Airways, Iberia, KLM, Lufthansa, Scandinavian, Swissair e TAP. Todas as companhias européias representadas pela Rextur são muito expressivas em seus países de origem. A maioria é de grande porte e cobre rotas no Brasil; inicialmente, a partir do Rio de Janeiro e São Paulo, e de alguns anos para cá, de Recife, Salvador e Fortaleza.

A TAP foi uma das pioneiras a destinar uma rota com embarque a partir do Nordeste, mais especificamente desde Recife até Lisboa ou Porto, propiciando uma grande abertura dessa região do País ao tráfego de turistas europeus.

---

[3] *Code-share*: serviço compartilhado, no qual são vendidos assentos e serviços de duas companhias aéreas distintas que, por meio de acordo contratual, utilizam uma única aeronave. Exemplo: Varig e All Nippon Airways. O passageiro adquire um bilhete aéreo da All Nippon, porém essa empresa não mantém um equipamento que sirva a rota do Brasil; daí ela utiliza os aviões da Varig, por exemplo, para acomodar seus passageiros com destino a Tóquio e vice-versa. Air France e TAM mantêm acordo de *code-share* em vôos para Paris.

[4] Sobre as alianças mundiais, ver "Companhias Aéreas — Clientes-Fornecedores" no Capítulo 2.

Companhias aéreas norte-americanas

Air Canada, American Airlines, Continental, Delta Airlines e United Airlines. As companhias aéreas norte-americanas que a Rextur representa são muito expressivas tanto no interior de seu país como internacionalmente, sendo na sua maioria empresas de grande porte.

A primeira empresa norte-americana a chegar ao Brasil foi a Panam, que permaneceu soberana nessas rotas por mais de 25 anos, mas encerrou suas atividades em meados de 1992 repentinamente, abalando o mercado mundial.

Essas companhias aéreas partem do Rio de Janeiro e de São Paulo, cobrindo algumas das principais cidades norte-americanas. A American Airlines voa para Nova York, Miami e Dallas; a United, para Nova York, Miami, Los Angeles e Washington; e a Delta Airlines, para Atlanta. A Continental voa para Houston e Nova York e a Air Canada, para Toronto.

Outras companhias

Aerolíneas Argentinas, Aeroméxico, Ana — All Nippon Airways, Copa, Jal — Japan Airlines, Lan Chile, Lloyd Aéreo Boliviano, Mexicana, Pluna, Qantas e South African. Na classificação de outras companhias aéreas agregam-se as empresas latinas e outras de grande porte em seus países de origem que operam rotas mais longas e distantes.

As empresas latinas são de grande porte em seus países de origem e cobrem a maior parte da América do Sul e Central, além do México. As empresas Aeroméxico e Mexicana servem também muitas cidades norte-americanas.

A Qantas serve a Austrália; a Jal e a All Nippon, o Japão; e a South African, Johannesburgo, na África do Sul.

Os gráficos das páginas seguintes visam demonstrar a representatividade dos setores de atendimento das empresas aéreas nacionais e internacionais na produção geral do consolidador Rextur, demonstrando a dimensão da empresa dentro do mercado paulistano.

Os dados aqui apresentados têm como fonte o banco de memória da Rextur, chamado SISGSA. Esse sistema foi criado especialmente para essa empresa, visando suprir sua necessidade em armazenar e compilar todas as informações geradas na comercialização e distribuição dos bilhetes aéreos.

Por intermédio do SISGSA, a Rextur pode controlar: os estoques de bilhetes distribuídos para as agências de turismo; o estoque de bilhetes utilizados pela Rextur nas emissões internas que chegam via ordem de passagem dessas agências; as faturas de cobrança das emissões processadas para cada um dos clientes-consumidores (agências); os relatórios de controle e pagamento das faturas do BSP, relativos às emissões processadas pela Rextur; e os relatórios e levantamentos internos para utilização da empresa.

Conforme pode ser observado no Gráfico 1, sobre o movimento gerado por todos os setores de atendimento da Rextur durante

Gráfico 1 — Representatividade de cada setor de atendimento na produção geral da Rextur

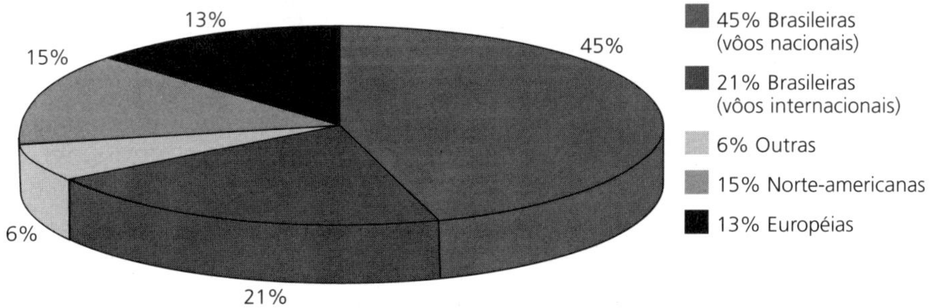

Fonte: SISGSA-Rextur, 2000.

o ano de 2000, a comercialização de bilhetes nacionais representa um valor significativo na produção geral da empresa (45%). Esse fato é explicado pelo trabalho de distribuição de estoques desses bilhetes junto às agências de turismo de pequeno e médio porte, que necessitam manter a emissão nacional própria, a fim de viabilizar o pronto atendimento de seus clientes.

Essas agências emitem bilhetes nacionais, distribuídos pelos consolidadores diretamente em seus escritórios, não dependendo do setor de atendimento para a execução desse serviço. É bom lembrar que o repasse do pagamento desses bilhetes para as companhias aéreas, por intermédio do BSP, é de total responsabilidade dos consolidadores.

Calcula-se que o número médio de bilhetes nacionais distribuídos pela Rextur mensalmente durante o ano de 2000 no mercado, para uso das agências de turismo, ficou próximo de 25 mil unidades.

Gráfico 2 — Produção do setor de companhias aéreas brasileiras (vôos nacionais)

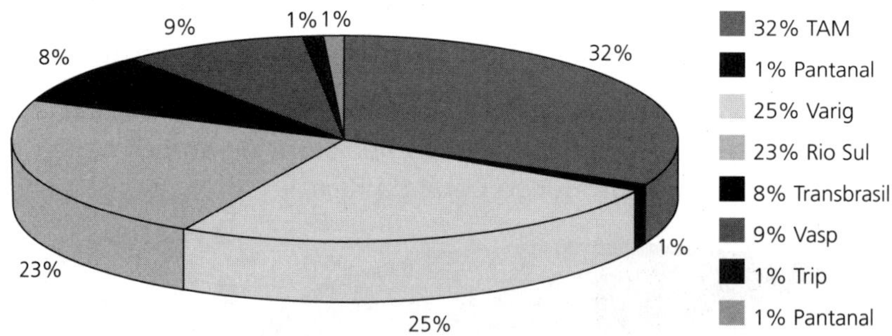

Fonte: SISGSA-Rextur, 2000.

No Gráfico 3, pode-se observar a situação de cada uma das empresas aéreas brasileiras do setor, dentro da produção geral da Rextur. Conforme dados do Gráfico 1, sabe-se que o movimento total

Gráfico 3 — Produção do setor de companhias aéreas brasileiras (vôos internacionais)

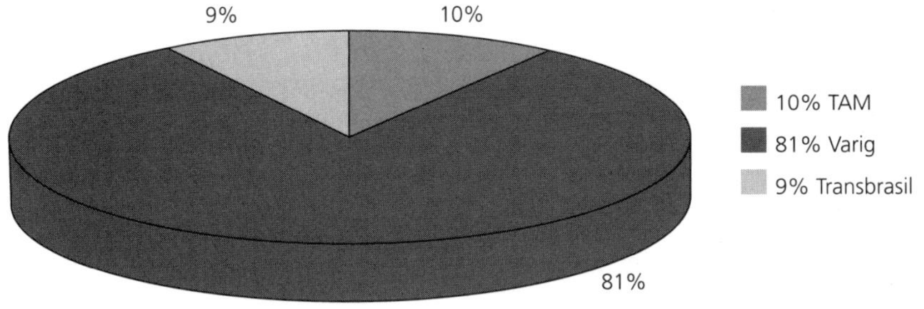

Fonte: SISGSA-Rextur, 2000.

gerado pelo setor das companhias aéreas brasileiras nas rotas nacionais é de 45%. As empresas mais significativas são TAM e Varig que, juntas, perfazem quase a metade do valor total comercializado durante o ano de 2000.

As empresas aéreas brasileiras do setor de atendimento que comercializam vôos em rotas internacionais representam uma importante fatia na produção geral da Rextur. Se for somada a esse movimento sua produção dentro das rotas nacionais (Gráfico 3), será possível afirmar que o total comercializado pelas empresas aéreas brasileiras corresponde a mais de 65% de todas as vendas da Rextur.

Esse fato propicia à Rextur manter boas negociações com essas companhias aéreas, visto que o volume de bilhetes comercializado é tão grande que viabiliza qualquer transação. A maior quantidade de bilhetes emitidos favorece as negociações.

É desse poder de negociação, entre outros serviços prestados pelas empresas de consolidação, que as agências de turismo se beneficiam quando se utilizam desse fornecedor de serviços do transporte aéreo.

O movimento do setor de atendimento das companhias aéreas norte-americanas representa cerca de 15% do total geral da Rextur, sendo a American Airlines a empresa mais produtiva (Gráfico 4).

Gráfico 4 — Produção do setor de companhias aéreas norte-americanas

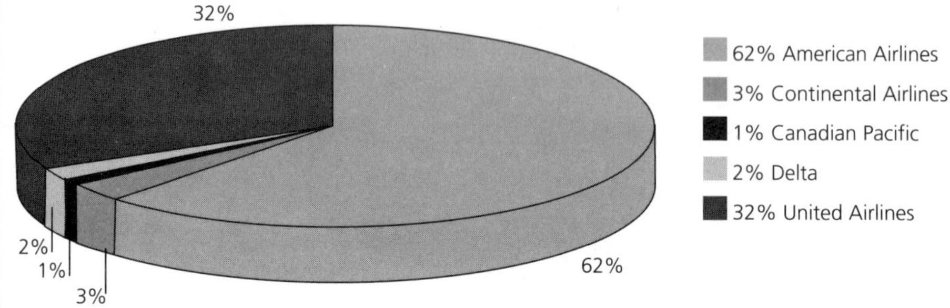

Fonte: SISGSA-Rextur, 2000.

É um setor que demanda um trabalho mais elaborado, apesar do pequeno número de empresas que representa.

O setor de atendimento das empresas européias (Gráfico 5) é relevante pelo número de companhias aéreas que representa — dez. Todas são de grande importância no mercado internacional. É também o setor que exige um capital humano com melhor qualificação, tanto pela diversidade de rotas que cada empresa proporciona como pela sofisticação de seus detalhes técnico-operacionais.

Gráfico 5 — Produção do setor de companhias aéreas européias

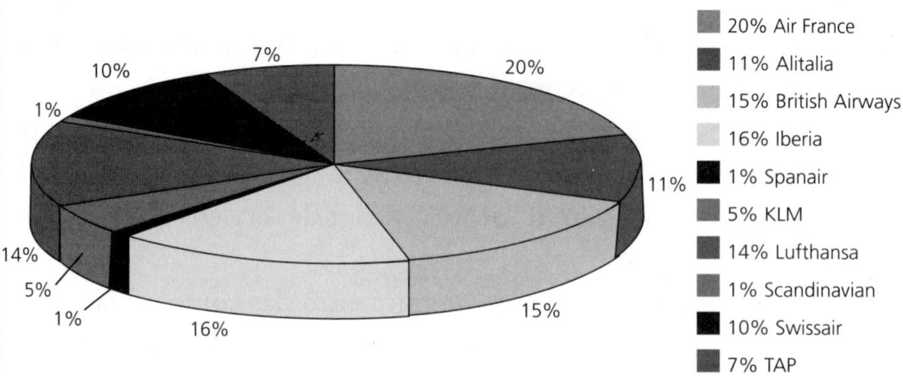

Fonte: SISGSA-Rextur, 2000.

No movimento global da Rextur as companhias aéreas européias têm valor relativo, representando cerca de 13% de seu total, porcentual muito próximo ao movimento do setor de companhias norte-americanas.

O setor de atendimento a outras companhias aéreas (Gráfico 6) é o mais complexo de todos. Trabalha com muitas empresas de origens diferentes, com serviços operacionais diversificados, o que demanda uma estrutura muito mais elaborada de atendimento. O capital humano deve ser muito qualificado, devendo estar sempre atento às várias alterações que surgem em cada uma das companhias aéreas.

Pela complexidade desse setor, é possível imaginar como fica mais fácil e prático para as agências de turismo utilizarem os serviços prestados pelos consolidadores quando um cliente solicita informações sobre determinados destinos aéreos.

Gráfico 6 — Produção do setor de atendimento a outras companhias aéreas

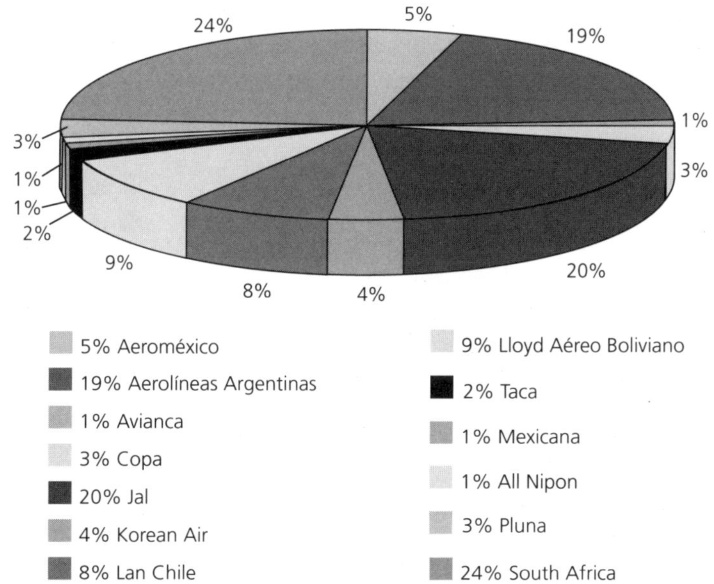

Fonte: SISGSA-Rextur, 2000.

A centralização de informações das mais variadas empresas aéreas, rotas e tarifas pode ser obtida de forma rápida e fácil, com um simples telefonema para o seu consolidador.

Companhia Aérea

Trata-se do cliente-fornecedor do serviço de transporte aéreo. E, nesse caso, é representado pela Companhia Aérea "X", empresa que se apóia nos serviços prestados pelos consolidadores para divulgar e distribuir seu produto dentro do mercado paulistano.

A escolha desse elemento de estudo pautou-se na conveniência de um dos autores, na colaboração apresentada pela empresa em colocar à disposição as informações necessárias para a realização deste trabalho e também no seu histórico no mercado paulistano.

O Gráfico 7 apresenta a contribuição dos consolidadores na produção geral de vendas da Companhia Aérea "X" no ano de

Gráfico 7 — Produção dos consolidadores na Companhia Aérea "X" na cidade de São Paulo — 2000

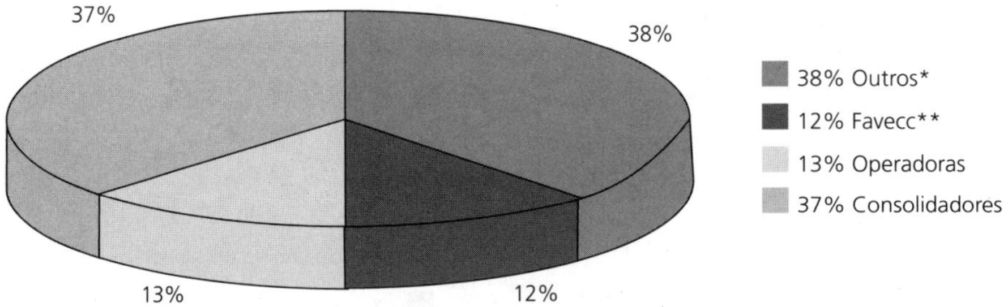

Fonte: Maestro-BSP/2000.
*Outros — companhia aérea e agências de turismo que utilizam o sistema BSP.
**Favecc — Fórum das Agências de Viagens Especializadas no Atendimento de Contas Corporativas.[5]

[5] Apresentado no Capítulo 1, em "Segmentação do Mercado Turístico como Estratégia de Negócios".

2000, no mercado paulistano. Cerca de 30% do total da produção é obtido por meio dos consolidadores.

Não foi possível obter o valor correspondente à participação da Rextur Viagens e Turismo Ltda. na produção das empresas consolidadoras, mas, de qualquer maneira, a apresentação gráfica contribuiu para confirmar uma das hipóteses formuladas no trabalho, relativa aos benefícios gerados por essa prestadora de serviços às companhias aéreas.

O Gráfico 8 apresenta a contribuição da Companhia Aérea "X" na produção geral da Rextur Viagens e Turismo Ltda. durante o ano de 2000, na cidade de São Paulo.

Gráfico 8 — Produção da Companhia Aérea "X" perante o total de vendas da Rextur Viagens e Turismo Ltda. — ano 2000

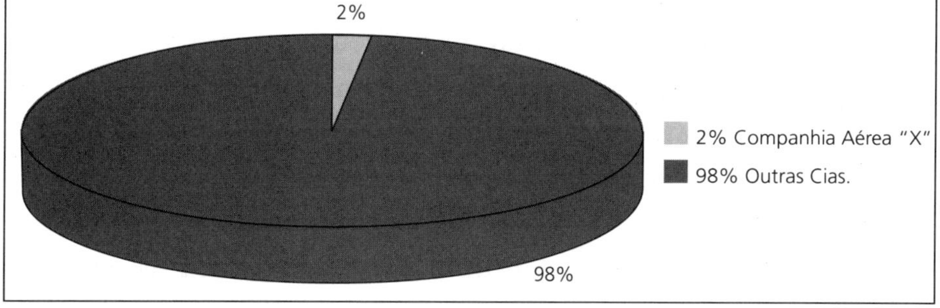

Fonte: SISGSA-Rextur, 2000.

As Agências de Turismo

Apresentam-se como o cliente-consumidor do serviço de transporte aéreo no mercado turístico. Essas empresas são as que obtêm os resultados mais positivos no processo de comercialização, divulgação e distribuição de bilhetes aéreos, propiciados pelos consolidadores.

Para melhor análise e avaliação, neste trabalho de pesquisa foram selecionadas três agências de turismo que atuam em segmentos diferenciados do mercado turístico paulistano, visando investigar uma possível confirmação das hipóteses apresentadas.

O critério de escolha desses elementos deve-se, novamente, à conveniência de um dos autores pelo relacionamento gerado com essas empresas durante o período de atuação como profissional do mercado. Deve-se também ao fato de expressar a capacidade dos consolidadores em atender a segmentos tão distintos.

As agências pesquisadas foram: Agência 1 (segmento de negócios), Agência 2 (segmento de varejo) e Agência 3 (segmento de incentivo).

Agência 1 — Segmento de negócios

Agência de viagens e turismo especializada no atendimento a contas corporativas, no segmento de negócios (*business*).

Atua no mercado paulistano há seis anos e mantém dois pontos de atendimento exclusivo — os chamados postos de serviços,[6] em dois de seus principais clientes.

Para atender a seus clientes, trabalha com vários produtos e serviços turísticos, mas a base de sua produção é a comercialização de bilhetes aéreos — o insumo turístico mais utilizado no segmento de negócios —, pois facilita os deslocamentos dos executivos em todo o mundo.

A Agência 1 sempre utilizou os serviços prestados pelos consolidadores na comercialização de serviços do transporte aéreo.

[6] *Postos de serviços* são pontos avançados de atendimento, muito comuns entre as agências de turismo, que atendem a contas corporativas disponibilizando serviços turísticos a seus executivos. Trata-se de uma posição de venda localizada dentro da empresa-cliente, que possui toda a infra-estrutura necessária para um atendimento rápido e eficiente, possibilitando o fornecimento de todos os serviços turísticos disponíveis na agência de turismo aos executivos.

Agência 2 — Segmento de varejo

Agência de viagens do segmento varejista que atua no mercado paulistano há 13 anos. Comercializa todos os produtos e serviços turísticos disponíveis no mercado, porém a base de sua produção recai na comercialização de bilhetes aéreos.

Desde a sua criação, seus proprietários sempre direcionaram sua produção para a venda de bilhetes aéreos, pois, principalmente no início da década de 90, o transporte aéreo era o serviço que propiciava maior receita às agências de turismo de pequeno e médio porte.

A Agência 2 conquista seu público consumidor por meio de anúncios na mídia (jornal, principalmente), oferecendo bilhetes aéreos das diversas companhias aéreas que servem as rotas nacionais e internacionais. Utiliza os serviços prestados pelos consolidadores, desde a sua fundação em 1989, para a execução de todo o processo operacional da comercialização de bilhetes aéreos.

Agência 3 — Segmento de incentivos

Empresa do segmento de incentivos e convenções, está classificada pela Embratur como uma agência de viagens e turismo. Atua no mercado turístico há seis anos.

A Agência 3 tem como clientes empresas com significativa representação no mercado nacional e internacional, que necessitam de uma agência de turismo para planejar, organizar e executar suas viagens de premiação de funcionários.

As agências de turismo que atendem ao segmento de viagens de incentivos[7] podem trabalhar de muitas maneiras. Algumas se incumbem das campanhas de incentivo desde a sua criação e lan-

[7] As características principais das viagens de incentivo são o lazer (o funcionário vai usufruir sua premiação sem nenhum tipo de trabalho) e a gratuidade dos serviços oferecidos pelas empresas a seus funcionários.

çamento dentro das empresas até a viagem final, contando com muitos fornecedores para a execução desse processo.

Outras agências de turismo trabalham apenas com a organização e execução das viagens de incentivos, o que as leva também a organizar, por solicitação de seus clientes, viagens relacionadas a treinamento, lançamentos de produtos ou reuniões de *staff* promocional, geralmente empreendidas por empresas que comercializam produtos pelos promotores de vendas, como Avon, Tuperware, Natura e outras.

A Agência 3 desenvolve esse tipo de atividade, tendo como principais clientes as empresas Natura, Aventis, Jafra, Avon e Scania. Organiza e executa todos os serviços turísticos necessários e, para isso, mantém contato direto com empresas de hospitalidade, receptivos e outros serviços. Para a contratação desses serviços, raramente utiliza um intermediário.

Já com relação ao serviço de transporte aéreo, sempre trabalha com uma empresa de consolidação, para poder negociar e melhorar suas tarifas junto às empresas aéreas, uma vez que, dependendo das dimensões do evento que está organizando, necessita deslocar um número expressivo de passageiros (por exemplo, chegou a transportar mais de 400 passageiros em algumas convenções).

Essas agências de turismo mantêm um relacionamento comercial importante com a Rextur Viagens e Turismo Ltda. Servem-se de toda a infra-estrutura oferecida por esse consolidador, trabalhando a parceria, por ele proposta, com as companhias aéreas representadas.

A Técnica

Nesta etapa do trabalho, utilizou-se a técnica de entrevistas semiestruturadas, com questões não disfarçadas, predefinidas, que foram testadas quando da verificação da representatividade. Nessa fase, foram entrevistadas uma agência de turismo e uma companhia aérea, o que tornou viável a elaboração deste trabalho.

O Instrumento

O questionário aplicado durante a pesquisa é composto de questões, que apresentam características específicas, capazes de elucidar tanto os objetivos quanto as hipóteses apresentadas neste estudo.

As perguntas referem-se à utilização dos serviços prestados pelos consolidadores a seus dois clientes (fornecedor/consumidor), possibilitando uma visão de sua real importância no mercado turístico da cidade de São Paulo.

O objetivo consiste em verificar se os elementos observados no estudo de caso — a Rextur Viagens e Turismo Ltda., a Companhia Aérea "X" e as três agências de turismo selecionadas entre os quase 700 clientes desse consolidador — confirmam as hipóteses apresentadas e se aplicam ao segmento em geral. As entrevistas foram aplicadas durante a pesquisa, sendo as empresas envolvidas nesse processo identificadas como elementos de controle, a saber:

a. Companhia aérea de controle: Companhia Aérea "X"
b. Agências de turismo de controle:
Agência 1 — Segmento de negócios;
Agência 2 — Segmento de varejo;
Agência 3 — Segmento de incentivos.

Com relação às questões aplicadas aos consolidadores, para tornar a pesquisa mais imparcial e evitar um favorecimento positivo ou negativo em seu resultado, solicitou-se aos entrevistados, profissionais atuantes no mercado, que relatassem:

- seu cargo e função e o tempo de atuação na empresa;
- sua visão da empresa perante as agências de turismo e as companhias aéreas.

Pré-Teste da Pesquisa

Para testar a eficácia do instrumento utilizado, solicitou-se uma pesquisa preliminar, com elementos capazes de auxiliar uma análise mais precisa sobre o papel dos consolidadores no mercado de agências de turismo.

Foi realizada uma entrevista estruturada com uma agência de turismo do segmento de varejo, que se dedica à intermediação de diversos produtos de várias operadoras, hotéis e companhias aéreas, entre outros serviços. Esta empresa passa a ser identificada como Agência 4.

Para complementar as informações necessárias à elaboração da pesquisa, realizou-se uma entrevista com alguns funcionários da Companhia Aérea "Y", aos quais se aplicou o questionário citado na parte de metodologia.

Considerações Finais

Reflexões: o Mercado na Atualidade

Nos últimos dois anos, o mundo foi transformado por um turbilhão de conflitos que se originaram em setembro de 2001, com os ataques aéreos às Torres Gêmeas em Nova York. A humanidade percebeu sua incapacidade de defender-se e sentiu-se mais uma vez ameaçada pelo próprio homem. Medos, tensões e a pressão sobre o controle dos viajantes tornaram as viagens aéreas algo assustador e nada prazeroso.

Esses acontecimentos foram fatais para a indústria aérea.

> O medo de viajar de avião se espalhou por todos os países, resultando na destruição do segmento. Demissões, devolução de aeronaves, renegociação de dívidas, redução da oferta de assentos, assim como de vôos, passaram a fazer parte da rotina das empresas. Nesse contexto algumas companhias foram mais afetadas, sendo obrigadas a fechar as portas ou a pedir ajuda a seus governos e credores para evitar o colapso total. (*Panrotas Universitário*, 2003)

O governo dos Estados Unidos subsidiou financeiramente muitas de suas companhias aéreas, principalmente a United Airlines e a American Airlines, cujas aeronaves foram utilizadas nos atentados, para impedir seu fechamento.

A United Airlines entrou em 2002 com pedido de concordata, mantendo suas operações normalmente, suspendendo pagamentos de suas dívidas e iniciando um processo de reestruturação, acompanhado pelo governo, além de outras medidas econômicas.

Em 2003, a American Airlines também foi obrigada a tomar providências para fugir da concordata, propondo acordos salariais a seus funcionários, que foram aprovados pelos três sindicatos envolvidos — aeronautas, comissários de bordo e mecânicos —, tentando reduzir custos dentro dos próximos seis anos e mantendo afastada a possibilidade de se tornar concordatária.

Além de todas as conseqüências econômicas desastrosas causadas pelos atentados de 11 de setembro de 2001, outros fatores levaram as companhias aéreas à recessão, como a Guerra do Iraque, que paralisou por algum tempo as atividades das empresas internacionais, ameaçadas pela insegurança e pelo medo de novos atentados, e a epidemia da gripe asiática, que manteve o continente asiático, rico em destinos e atrativos turísticos muito procurados pelos consumidores em todo o mundo, isolado e fechado à entrada de viajantes.

Como no Brasil as companhias aéreas não obtiveram ajuda financeira do governo, o quadro ficou um pouco mais complicado. A Transbrasil não resistiu às pressões de seus credores e foi obrigada a encerrar suas atividades no fim de 2001, deixando centenas de funcionários desempregados.

A Varig, cuja situação financeira já era bastante difícil antes dos atentados, tornou-se ainda mais frágil. Diante desse quadro, tiveram início as conversações sobre uma proposta de fusão com a TAM, outra empresa nacional que, apesar de ter uma estrutura mais sólida em relação às demais concorrentes internas, obteve um fechamento de balanço negativo no ano 2001.

Essa fusão é vista com bastante dificuldade pelo mercado em geral, pois a Varig ainda é considerada, por tradição e dimensão, a maior empresa aérea da América Latina, e suas rotas cobrem grandes capitais em quase toda parte do mundo, principalmente se forem consideradas as rotas compostas pelas empresas aéreas que compõe a StarAlliance, a maior aliança estratégica criada para fidelização de clientes.

A TAM, por outro lado, tem um nome garantido na preferência do mercado aéreo nacional, com rotas que cobrem praticamente todo o País e alguns trechos internacionais, mantidos por meio de acordos com empresas do porte da American Airlines e da Air France, sempre mantendo sua postura de melhor atender a seus clientes.

O processo de fusão sofre ainda em decorrência de questões como: quem permanecerá com as rotas nacionais? Quem ficará com as internacionais? Como será o aproveitamento do capital humano em cada uma das empresas? Serão demitidos muitos funcionários? Quem deterá o controle financeiro da nova empresa? Que nome será utilizado?

Além disso, as empresas são administradas de maneira totalmente diferente. A Varig possui dois conselhos (um administrativo e um de curadores), que interferem nas decisões e são bastante resistentes a mudanças. Já a TAM mantém um corpo diretivo mais coeso e um padrão administrativo mais arrojado e moderno, mesmo tendo um modelo familiar.

A única ação visível para o mercado, relativa ao processo de fusão entre TAM e Varig, são as operações em vôos *code-share*, que já estão ocorrendo desde o início das conversações nas rotas nacionais e, a partir do primeiro semestre de 2003, na rota São Paulo—Buenos Aires.

Em contrapartida, a crise das companhias aéreas nos últimos anos fez as empresas de baixo custo (*low cost*) e baixo preço (*low fare*) conquistar uma posição mais bem-definida no mercado consumidor, uma vez que se propõem a oferecer o mesmo tipo de transporte, porém a preços muito mais acessíveis, eliminando, para isso, os altos custos gerados com serviço de bordo, venda intermediada por agentes de viagens e formulários de bilhetes, entre outros.

No Brasil, a Gol Transportes Aéreos foi a primeira empresa a obter êxito, conquistando passageiros que buscavam baixas tarifas em vôos regulares dentro do País, apesar das dificuldades enfrentadas durante a implantação de suas vendas no mercado dos agentes de viagens, no início do ano 2001, pois sua intenção era trabalhar somente com o público direto, evitando intermediários.

No entanto, dois fatores curiosos tiveram relevância na implantação da empresa Gol no País. Em primeiro lugar, os viajantes que fazem uso das empresas de baixo preço pertencem normalmente às classes socioeconômicas D e E, que, no Brasil, raramente conseguem obter um cartão de crédito, forma de pagamento que é utilizada na comercialização direta dos bilhetes da Gol (*e-ticket*) ao consumidor pela Internet. Sendo assim, tanto pela dificuldade de financiamento quanto pela falta de confiança em um produto que não estão habituados a consumir, além da inexistência do bilhete (documento físico), esses passageiros acabam recorrendo às agências de turismo que possibilitam outras formas de pagamento e podem prestar um serviço de assessoria na viagem.

Em contrapartida, o segmento de negócios, grande gerador de receita para as companhias aéreas no Brasil, vislumbrou na empresa Gol uma saída para a redução de seus custos operacionais com viagens nacionais. Porém, o nicho do mercado corporativo está fortemente amparado nos serviços prestados pelas agências de turismo, o que levou a Gol a repensar sua estratégia de vendas para o setor. Assim, hoje em dia, o segmento de negócios é o que mais se beneficia com a empresa de baixo preço. Porém, a Gol já não consegue manter seu baixo custo e passou a estudar melhores estratégias de comercialização, aparecendo mais na mídia e aumentando sua frota para atender a demanda em geral, o que certamente representou um maior custo em seus investimentos.

A partir da inserção da empresa aérea Gol no mercado brasileiro, utilizando somente o *e-ticket*, essa ferramenta tornou-se cada vez mais usual no mercado, facilitando as transações entre passageiros, agências de turismo e companhias aéreas. Atualmente, todas utilizam esse sistema com êxito.

O ano de 2003, apesar de todos os acontecimentos negativos apontados, apresentou resultados positivos no saldo final da comercialização de bilhetes aéreos no Brasil.

Segundo o presidente do Favecc (Fórum das Agências de Viagens Especializadas no Atendimento de Contas Corporativas), Goiaci Alves Guimarães,

> embora atualmente o número de passageiros tenha diminuído, o mercado e o faturamento cresceram. Os executivos começaram a viajar para destinos mais distantes. O primeiro semestre foi fantástico para o setor. (Jornal *Brasilturis*, outubro de 2003)

Outro indicador seria a produção alcançada pelo consolidador, objeto de estudo desta obra, a empresa Rextur Viagens e Turismo Ltda., que manteve seus níveis de vendas no mesmo patamar dos anos anteriores, apesar de o trabalho operacional com seus clientes-consumidores (agências de turismo) e fornecedores (companhias aéreas) ter aumentado no decorrer do ano.

Com relação a seus clientes-fornecedores (companhias aéreas), o consolidador Rextur tem conseguido manter um padrão de produtividade em torno de 30% do total geral das vendas realizadas pelas companhias aéreas que representa.

Quanto aos clientes-consumidores (agências de turismo), a empresa tem sua maior fatia de distribuição nos bilhetes nacionais, que corresponde de 65% a 70% dos quase 30 mil colocados mensalmente à disposição no mercado de agências de turismo. Quanto ao volume de vendas, o segmento nacional e o internacional estão equiparados neste ano (média de 50%/mês). Salientamos que todas as informações aqui apresentadas foram obtidas junto à diretoria da empresa Rextur Viagens e Turismo Ltda., que estima fechar o ano de 2003 mantendo o equilíbrio.

Reflexões: os Consolidadores e o Mercado

Quando se programa uma viagem, não importa o motivo ou o destino, não se pode imaginar quantos e quais os procedimentos envolvidos para a sua realização. Torna-se impossível ao leigo perceber quais etapas devem ser cumpridas para a realização do projeto, de acordo com seus desejos e necessidades.

Tomando-se como exemplo a comercialização de passagens aéreas por intermédio, principalmente, das agências de turismo, pode-se verificar que muitos profissionais são envolvidos nesse processo e desempenham um papel importante em cada etapa de sua execução.

Assim, desde a reserva do vôo, que exige um profissional habilitado a operar os sistemas de distribuição, até a emissão e entrega do bilhete aéreo, todo o processo operacional e técnico é realizado por pessoas especializadas, que visam atender às necessidades do consumidor final.

Pode-se, naturalmente, adquirir um bilhete aéreo nas lojas das próprias companhias aéreas ou até mesmo pela Internet, prática mais recente utilizada. Porém a maioria dos passageiros ou turistas depende dos serviços prestados pelos agentes de viagens.

Isso ocorre porque as agências de turismo têm condições de oferecer uma gama de opções de preços e serviços, proporcionando maior comodidade, além de outras facilidades.

Já para os passageiros do segmento de negócios, o volume de deslocamentos realizados exige a utilização dos serviços prestados pela agência de turismo, que gerencia e fornece todos os produtos turísticos à sua empresa-cliente.

Para apresentar todos os produtos disponíveis no mercado turístico a seus clientes, as agências de turismo necessitam apoiar-se nos serviços prestados por seus fornecedores, fator determinante para se obter a melhor qualidade nos serviços.

As empresas consolidadoras, fornecedoras e distribuidoras de produtos do transporte aéreo auxiliam as agências de turismo a executar todas as etapas do processo de comercialização de bilhetes aéreos.

Reconhecer os consolidadores como empresas prestadoras de serviços, e não como agências de turismo, é importante na medida em que seu trabalho será mais valorizado e sua imagem se fortalecerá perante o mercado.

O estabelecimento de exigências legais pelos organismos oficiais de turismo, ao classificar essas empresas como agências de turismo, acaba descaracterizando seu papel de prestador de serviços. Seria necessária uma revisão da legislação que regulamenta o funcionamento dessas empresas.

Igualmente, o mercado turístico brasileiro desenvolve-se a partir de procedimentos praticados por alguns segmentos. Mas por força de uma legislação inadequada, acabam sendo descaracterizadas as funções reais de muitas empresas.

Não são apenas os consolidadores que enfrentam esse problema. As operadoras e as agências de turismo também passam por esse processo, que acabou por confundir e misturar suas atividades, criando muitas vezes problemas ao consumidor final, que fica desprotegido com relação às responsabilidades assumidas em cada uma das empresas.

Pelas informações obtidas junto a executivos entrevistados durante a pesquisa para elaboração deste trabalho, ficou claro que os consolidadores poderiam praticar suas atividades como representantes das companhias aéreas.

Entretanto, segundo esses executivos, a legislação brasileira que regulamenta as atividades das empresas de representação é muito rígida com relação à contratação dos serviços das representadas, exigindo cláusulas de rescisão de contratos desfavoráveis à comercialização do produto do transporte aéreo.

Este foi um dos motivos pelos quais as companhias aéreas passaram a desativar seus contratos de representação com os agentes gerais (GSA) que possuem características diferentes dos consolidadores, mas também disponibilizam bilhetes aéreos para as agências de turismo.

No entanto, seria importante estabelecer, por exemplo, uma legislação que capacitasse os representantes a desenvolver suas atividades junto ao mercado, sem penalizar de forma tão rígida os envolvidos no processo quando da rescisão dos contratos.

Muitas ações poderiam contribuir para que o trabalho dos consolidadores pudesse transparecer ao mercado turístico na sua real posição. Melhorar a divulgação de suas atividades e de suas funções específicas, por exemplo, seria uma opção.

Esse trabalho poderia ser realizado tanto pelas companhias aéreas quanto pelos próprios consolidadores, demonstrando, no momento da contratação de seus serviços, a seus clientes potenciais os benefícios e as vantagens oferecidas.

Se a denominação dos consolidadores pudesse ser alterada, desvinculando-se do modelo de agências de turismo, certamente propiciaria maior penetração no mercado, descaracterizando a imagem de concorrência entre essas empresas, que ainda atinge uma parcela significativa dos agentes de viagens.

Apêndice

Para a realização deste estudo, foram necessários o desenvolvimento de uma pesquisa descritiva e a aplicação de questionários que possibilitaram a construção de um cenário envolvendo os consolidadores. Apresentam-se a seguir os respectivos instrumentos de coleta de dados (após o pré-teste) e seus principais achados.

Modelo de Questionário 1

Solicitamos sua colaboração para esclarecimentos referentes à utilização, pela sua empresa, do trabalho desenvolvido pelas empresas de consolidação na comercialização de serviços do transporte aéreo. Por favor, responda às seguintes perguntas.

Identificação da agência de turismo

a. Razão social: ______________________________

b. Nome fantasia: ______________________________

c. Endereço: ______________________________

d. Tempo de existência: ______________________________

e. Filiação a organismos ou entidades ligadas ao mercado: _____

____

f. Segmentos que atende: ______________________________

g. Fornecedores que utiliza: ______________________________

1. *Quais são as vantagens que os consolidadores oferecem à sua agência?*

---

2. *Quantos e quais são os consolidadores que sua agência utiliza para a aquisição de bilhetes aéreos?*

---

3. *Quais os motivos que levam a agência a adquirir bilhetes aéreos por meio de consolidadores? (O consolidador facilita o processo de escolha de uma determinada companhia aérea, operacionalizando para o mercado os serviços oferecidos por essa empresa.)*

---

4. *Quais os serviços utilizados por sua agência que são oferecidos pelo consolidador? (O consolidador presta às agências de turismo vários tipos de serviços, tais como reservas, cálculo de tarifas, elaboração de rotas, negociações de tarifas para grupo etc.)*

---

5. Enumere outras facilidades proporcionadas pelos consolidadores à sua empresa.

____

____

____

____

6. Como é o atendimento oferecido pelos profissionais que atuam nos consolidadores para sua agência? Se houver falhas, em quais departamentos elas mais se apresentam?

____

____

____

____

7. Na visão de sua empresa, esses profissionais estão capacitados para executar esse trabalho de prestação de serviços à sua agência?

____

____

____

____

Esta entrevista foi realizada no dia _____/_____/_____.
Agradecemos ao Sr.(a).________________________________
pela colaboração neste trabalho de pesquisa.

Agência 4

Por questão de praticidade, optou-se por apresentar as respostas deste questionário em uma forma descritiva, o que facilita a interpretação dos resultados obtidos.

Caracterização da empresa

- Ramo de atividade — Agência de viagens e turismo (segundo classificação da Embratur)[1]
- A agência não está registrada no SNEA nem mesmo na Iata
- Tempo de existência: dois anos (com essa participação societária)
- Número de funcionários: seis, assim distribuídos:
  - — Diretor (proprietário)
  - — Gerente financeiro
  - — Gerente para loja
  - — Atendentes (2)
  - — Auxiliar (1)

Área de atuação

Com relação ao segmento do transporte aéreo, a Agência 4 comercializa bilhetes aéreos nacionais e internacionais, de acordo com a solicitação de seus clientes, e tem um movimento mais acentuado de suas vendas com a TAM — na venda nacional — e a Varig — na venda internacional.

Consolidadores utilizados

Para comercializar os serviços do segmento de transporte aéreo, a Agência 4 trabalha com três consolidadores na cidade de São Paulo: Advance Turismo, Leiser Turismo e Rextur.

---

[1] Instituto Brasileiro de Turismo — órgão que regulamenta a classificação das agências de turismo no Brasil.

Justificativa do uso dos consolidadores

Facilidade na obtenção de crédito, não sendo necessário, na maioria das vezes, nem mesmo oferecer algum tipo de fiança para sua concessão.

Centralização de negócios, uma vez que os três fornecedores representam companhias aéreas variadas, tanto nacionais como internacionais.

Serviços utilizados pela agência por meio dos consolidadores

a. Emissão de bilhetes nacionais e internacionais.
b. Envio de PTA[2] nacional e internacional.
c. Negociação de grupos nacionais e internacionais.

Por possuir um Sistema Global de Distribuição[3] — Galileo —, a Agência 4 não utiliza os serviços de reservas oferecidos pelos consolidadores.

Facilidades proporcionadas pelos consolidadores

a. Os consolidadores auxiliam a agência quando da necessidade de confirmação de reservas nas companhias aéreas; na concessão de autorizações quando da extensão de um prazo de permanência mínima de uma tarifa específica, além de assumir a responsabilidade sobre a posse dos bilhetes distribuídos para emissão (os bilhetes são rigidamente controlados, tanto pelas companhias

---

[2] PTA (*Prepaid Ticket Advise*) — aviso de bilhete pré-pago: esse serviço é muito utilizado atualmente, permitindo ao passageiro retirar um bilhete aéreo pago em qualquer lugar do mundo, no local de sua preferência e comodidade. Os executivos de agências de turismo do segmento de contas corporativas são os maiores consumidores desse serviço, oferecido por todas as companhias aéreas, principalmente pelas que voam nas rotas nacionais.

[3] Descritos no Capítulo 2.

aéreas quanto pelo BSP, pois são considerados documentos de valor, sujeitos à cobrança, por sua utilização).

b. Existe ainda a facilidade sobre o controle dos bilhetes aéreos, relativa tanto a própria emissão (o que demandaria a contratação de mão-de-obra especializada para a execução desse trabalho) como a toda parte burocrática que implica o recolhimento, faturamento e reporte dos documentos emitidos às empresas competentes.

c. Facilitação na obtenção de bilhetes especiais (cortesias, bilhetes com descontos diferenciados) concedidos aos agentes de viagens pelas companhias aéreas.

d. Os consolidadores reportam as vendas dos bilhetes comercializados pela Agência 4 diretamente às companhias aéreas, fazendo com que seu movimento perante as mesmas seja constatado. Isso reflete uma preocupação por parte dos fornecedores em manter a identidade de seu cliente, diante da empresa.

Modelo de Questionário 2

1. Quantos consolidadores intermedeiam seu produto na cidade de São Paulo?

____

____

____

____

____

2. Qual o market share *dos consolidadores nas suas vendas, no ano de 2000?*

____

____

____

____

____

3. Qual o market share *da Rextur Viagens e Turismo Ltda.?*

---

4. Como os consolidadores são remunerados pela sua empresa?

---

5. Em que os consolidadores contribuem para sua produção geral no mercado de agências de turismo?

---

6. Existe uma real participação dos consolidadores na divulgação e fortalecimento da imagem de sua empresa perante os agentes de viagens?

7. Qual a otimização de custos gerada pela utilização dos serviços dos consolidadores para sua empresa?

8. Os consolidadores eliminam o risco de crédito da companhia aérea no mercado? Quanto significaria esse risco para sua empresa?

9. Os consolidadores participam das decisões comerciais da companhia aérea em relação às ações ou estratégias de vendas no mercado de agências de turismo?

Respostas do Questionário 2

1. Um total de 12 empresas.

2. Cerca de 53%. O Gráfico 1 apresenta a produção total de vendas da Companhia Aérea "Y" durante o ano 2000, na cidade de São Paulo. O *market share* dos consolidadores (em número de 12) representa 53% do total realizado por todos os pontos-de-vendas da Companhia Aérea "Y".

3. Cerca de 14%. No Gráfico 1 é representada a produção de vendas da Rextur Viagens e Turismo Ltda. (consolidador objeto deste estudo), durante o ano de 2000, em comparação aos 11 demais consolidadores que intermedeiam o produto da Companhia Aérea "Y" na cidade de São Paulo.

4. A remuneração dos consolidadores é baseada em um percentual fixo, além da comissão ordinária, mais um programa de metas (*target*) pela produção alcançada.

5. Os números apresentados graficamente revelam a forte contribuição dos consolidadores, na distribuição ampla de seus produtos e serviços.

6. Sim, quando há interesse do consolidador, motivado pelo incentivo que tem em metas alcançadas. Quando consideram essas metas muito difíceis de ser atingidas, podem até prejudicar, de certa forma.

7. Imensurável. Reduz o número de funcionários utilizados para execução de todos os serviços operacionais (reservas, cálculo de tarifas, emissão) e de promoção, entre outros; elimina a necessidade de expansão e investimentos em instalações, além de diminuir o risco no crédito de equipamentos, concedido ao mercado.

8. Sim. A responsabilidade pelo pagamento de todo o faturamento das emissões de bilhetes dentro do período estabelecido é do consolidador, sendo dele o risco da concessão do crédito perante os agentes de viagens. Quanto ao significado desse risco, seria de acordo com a tendência da inadimplência do mercado no período, o que reflete diretamente no consolidador.

9. Sim, pois eles refletem as tendências do mercado, informando o que os concorrentes estão praticando, o motivo da queda nas vendas de determinados destinos, identificando, por segmentação (contas corporativas, lazer), as necessidades de cada um desses segmentos.

Gráfico 1 — Produção dos consolidadores da Companhia Aérea "Y" na cidade de São Paulo — ano 2000

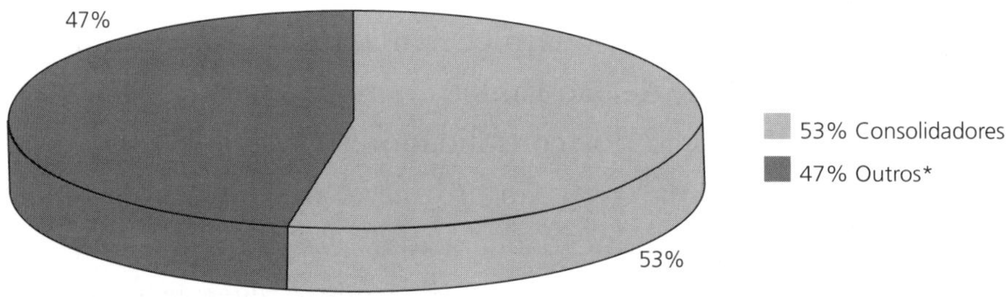

Fonte: Base de dados Maestro[4].
*Outros — refere-se à produção de vendas da própria Companhia Aérea "Y", de operadoras, de agências que trabalham com intercâmbio cultural e agências que atendem contas corporativas.

Nesse gráfico, pode-se constatar quanto representa para a Companhia Aérea "Y" o volume das vendas realizadas pelos consolidadores do total comercializado durante o ano de 2000, na cidade de São Paulo.

Desse total, 47% correspondem às vendas realizadas pelos consolidadores, o que vem a confirmar uma das hipóteses apresentadas neste trabalho, relativa aos benefícios gerados por essas empresas às companhias aéreas.

[4] Maestro — sistema contábil do BSP.

O Gráfico 2 demonstra o quanto representa para a Companhia Aérea "Y" as vendas do consolidador Rextur Viagens e Turismo Ltda., de seu movimento total, no período do ano de 2000, no mercado paulistano.

Gráfico 2 — Produção de vendas da Companhia Aérea "Y" — consolidador: Rextur Viagens e Turismo Ltda. — ano 2000

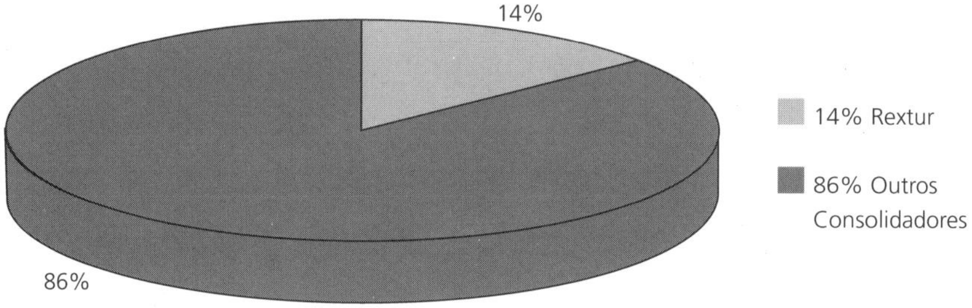

Fonte: Base de dados Maestro.

Para justificativa do tema abordado neste trabalho, o Gráfico 3 representa a produção da Companhia Aérea "Y" perante o movimento geral do consolidador Rextur, que presta serviços a aproximadamente 24 empresas aéreas internacionais e 12 nacionais, distribuindo seus serviços no mercado paulistano.

Gráfico 3 — Produção da Companhia Aérea "Y" — perante o total de vendas da Rextur Viagens e Turismo Ltda. — ano 2000

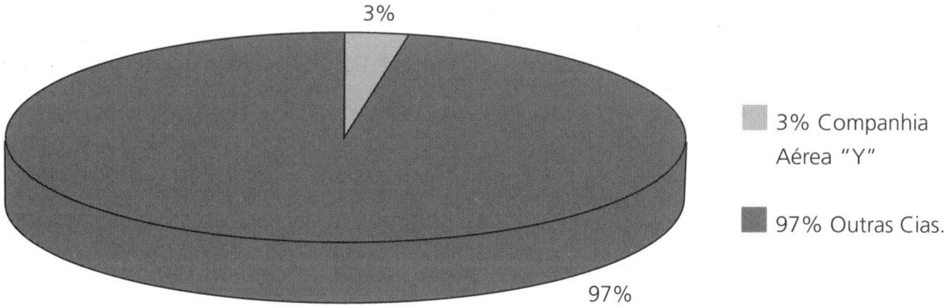

Fonte: SISGSA-Rextur, 2000.

O pré-teste realizado teve por objetivo principal tornar viável a continuidade deste trabalho. Pela análise dos dados obtidos, pôde-se chegar às seguintes conclusões.

A agência utiliza-se dos serviços prestados pelos consolidadores, tendo suas necessidades de operacionalização das vendas de bilhetes aéreos supridas por intermédio desses fornecedores.

Mesmo quando constata deficiências em alguns deles, prefere utilizar seus serviços, pois é prontamente atendida, além de reconhecer que é por meio dos consolidadores que se mantém informada sobre as mudanças ocorridas nas condições de venda das diversas companhias aéreas nacionais e internacionais que atuam no mercado.

Assim, fica clara, também, a importância da facilidade concedida pelos consolidadores no momento da centralização do crédito para pagamento de faturas sobre suas vendas.

Confirmam-se, assim, as hipóteses apresentadas na pesquisa que deu origem a este trabalho, que podem ser confirmadas na página 48.

Análise dos Resultados

Para elaborar uma análise da pesquisa realizada junto às agências de turismo, foram levados em conta os critérios da bibliografia já mencionada, relativos à metodologia científica aplicada ao turismo.

Segundo Dencker (1998, p. 161), quando a técnica de pesquisa empregada não estabelece categorias *a priori*, o pesquisador deverá estabelecer uma classificação formulada a partir das respostas obtidas no levantamento de campo.

Isso ocorre principalmente quando se trata de perguntas que permitem respostas livres, as quais devem ser agrupadas por sua similaridade, buscando atender aos objetivos da pesquisa e suas hipóteses, caso específico deste trabalho. Dessa forma, ao finalizar a análise das respostas obtidas por meio dos questionários de perguntas semi-estruturadas aplicados às agências de turismo, podem-se visualizar alguns dados demonstrados a seguir.

Tabela 1 — Filiação a organismos e entidades oficiais

Organismos e entidades	Freqüência
Embratur	3
SNEA	2
Iata	1

Mesmo possuindo todos os registros necessários para a comercialização direta de serviços do transporte aéreo, as agências de turismo pesquisadas preferem utilizar os serviços prestados pelos consolidadores.

Todas confirmam a utilização desse tipo de fornecedor, enumerando vantagens e benefícios obtidos pelos serviços prestados.

Tabela 2 — Fornecedores utilizados

Fornecedores	Freqüência
Consolidadores	3
Agências	2
Operadoras	2

As agências pesquisadas trabalham com fornecedores de serviços turísticos, sendo as empresas prestadoras de serviços consolidadoras as mais utilizadas.

As operadoras e agências de viagens e turismo que comercializam pacotes não são utilizadas apenas pela Agência 3 (agência de incentivo), que necessita personalizar as viagens solicitadas por seus clientes e, por isso, trabalha diretamente com meios de hospitalidade, receptivos e outros serviços.

Tabela 3 — Vantagem na utilização dos serviços prestados pelos consolidadores

Vantagens	Freqüência
Negociação de tarifas	3
Confirmação de reservas	3
Prestação de serviços (reservas e cálculos de tarifas, emissão de bilhetes, pesquisas de preços)	2

Os serviços oferecidos pelos consolidadores às agências de turismo são vantajosos, na medida em que o trabalho realizado por eles é completo, abrangendo todos os itens citados na tabela acima. Esse procedimento possibilita aos agentes de viagens, por meio de uma consulta única, obter um número maior e mais diversificado de informações.

Tabela 4 — Consolidadores utilizados

Consolidadores	Freqüência
Rextur	3
Flytour	1
GAP	1

Dos cinco consolidadores mencionados neste trabalho — Advance, Flytour, Gap, Leiser e Rextur —, apenas três deles foram citados na realização das entrevistas.

Observa-se que todas as agências de turismo pesquisadas utilizam os serviços prestados pela Rextur, confirmando com isso o papel de fidelidade ao agente de viagens, seu principal objetivo.

Tabela 5 — Motivos que levam a trabalhar com os consolidadores

Motivação	Freqüência
Prestação de serviços	3
Construção de informações	3
Atualização de informações	1

As empresas consolidadoras oferecem um serviço de qualidade a seus clientes-consumidores, com funcionários atualizados com as novas mudanças ocorridas no mercado, absorvendo toda a tecnologia desenvolvida no mundo globalizado.

Os motivos aqui apontados são decorrentes das dificuldades encontradas pelos agentes de viagem em conseguir permanecer atualizados com as informações de todas as companhias aéreas que atendem ao mercado paulistano, favorecendo a utilização dos serviços prestados pelas empresas de consolidação.

As agências de turismo pesquisadas utilizam os serviços prestados pelos consolidadores por necessitar da execução de trabalhos específicos relativos aos itens citados na Tabela 6 e pela dificuldade em manter um canal de informação direto com as companhias aéreas.

Tabela 6 — Serviços utilizados pelas agências, oferecidos pelos consolidadores

Serviços	Freqüência
Reservas	3
Negociação de tarifas para grupos	3
Elaboração e cálculo de tarifas	2
Emissão de bilhetes	2

É fato também que nem todas as agências de turismo possuem um sistema de reservas — GDS — que possa auxiliar na execução de seus serviços e, quando possuem, não são capazes de utilizá-lo de maneira correta, por falta de treinamento apropriado por parte de seus funcionários.

Tabela 7 — Facilidades proporcionadas pelos consolidadores

Facilidades	**Freqüência**
Representatividade dos produtos das companhias aéreas	3
Contratações de processos administrativos	3
Agilidade das informações	2
Valorização dos clientes	2

Entre as facilidades apontadas pelos agentes de viagens entrevistados, que se utilizam dos serviços prestados pelas empresas de consolidação, os itens referentes à representatividade junto às companhias aéreas e à execução ou contratação e dos processos de distribuição, emissão e faturamento são os mais cotados.

Os fatores agilidade de informações e valorização do cliente são mais importantes para a agência de incentivo e a agência varejista, que apresentam maior dificuldade em se relacionar diretamente com as companhias aéreas, e preferem ser representadas por uma empresa de consolidação nesses casos.

Outro ponto a ser destacado na apuração dos resultados desta pesquisa junto aos agentes de viagens refere-se ao tempo de existência das empresas entrevistadas e ao período de utilização dos serviços prestados pelos consolidadores.

Observa-se que, das três agências, duas — a Agência 1 e a Agência 3 — são empresas com aproximadamente seis anos de existência e, desde o início de suas operações no mercado paulistano, utilizam os serviços prestados pelos consolidadores.

A Agência 2, que está em funcionamento no mercado há mais de dez anos, sempre utilizou uma empresa de consolidação para comercializar bilhetes aéreos.

É importante mencionar o fato de que, nos três casos, as agências de turismo tiveram apoio do consolidador desde a sua criação, sendo a facilidade na concessão do crédito e o pronto atendimento de suas necessidades fatores determinantes na manutenção da parceria estabelecida entre essas empresas e seus clientes.

Na maioria dos casos, vale o relacionamento de amizade e confiança gerado pelos proprietários das agências com os administradores ou diretores das empresas de consolidação, uma prática muito comum no mercado turístico paulistano. Em todas as questões relativas ao desempenho do trabalho executado para as agências de turismo, as respostas sempre foram positivas e satisfatórias, o que fortalece a imagem desses prestadores de serviços no mercado.

Modelo de Questionário 3

Solicitamos sua colaboração para esclarecimentos relativos aos serviços prestados pelas empresas de consolidação na distribuição de seus produtos. Por favor, responda às seguintes perguntas.

1. Quantos consolidadores intermedeiam o produto da Companhia Aérea "X" na cidade de São Paulo?

____

____

____

____

2. Qual o market share *dos consolidadores nas suas vendas, no ano de 2000?*

____

____

____

____

3. Qual o market share *da Rextur Viagens e Turismo Ltda.?*

4. Como os consolidadores são remunerados pela sua empresa?

5. Em que os consolidadores contribuem para sua produção geral no mercado de agências de turismo?

6. Existe uma real contribuição dos consolidadores na divulgação e no fortalecimento da imagem de sua empresa perante os agentes de viagens?

7. Qual a otimização de custos gerada pela utilização dos serviços dos consolidadores para sua empresa?

8. Os consolidadores eliminam o risco de crédito da companhia aérea no mercado? Quanto significaria esse risco para sua empresa?

9. Os consolidadores participam nas decisões comerciais da companhia aérea, em relação às ações ou estratégias de vendas no mercado de agências de turismo?

10. Na visão de sua empresa, os consolidadores contam com um quadro funcional capacitado para realizar com êxito essa prestação de serviços?

Respostas do Questionário 3

1. Quatro empresas: Advance, Flytour, Leiser e Rextur.

2. Cerca de 37%. O *market share* dos consolidadores é de 37% do total realizado por todos os pontos-de-vendas da Companhia Aérea “X” (Gráfico 7, p. 60).

3. Não foi informado.

4. Além do comissionamento normal de 3%, que é comum no mercado, existe um adicional proporcionado quando são alcançadas as metas propostas em promoções diferenciadas de incentivo às vendas.

5. Em torno de um terço da produção geral.

6. Sim, além de assumir os riscos de crédito concedido às agências de turismo, os consolidadores têm a obrigação de trabalhar a divulgação da marca da companhia aérea.

7. O entrevistado acredita que, na maior parte dos casos, não há otimização, uma vez que manter o consolidador é mais caro porque sua remuneração é muito alta, sendo necessário dispor um funcionário para dar suporte a essas empresas.

8. O risco é proporcional à produção gerada por essas empresas. No caso da Companhia Aérea “X”, 37%.

9. Sim, porém todas as empresas devem cumprir as mesmas regras estabelecidas pela companhia aérea com relação ao controle de preços ou repasse de condições ao mercado. Esse é um trabalho muito desgastante para a companhia aérea, com forte caráter político junto às empresas de consolidação.

10. Não. Falta investimento das empresas para treinamento dos profissionais.

Conclusões da Pesquisa

Do ponto de vista da companhia aérea, o papel dos consolidadores é considerado importante, se forem analisados os resultados da produção geral de vendas obtidas.

Além disso, o risco do crédito concedido também é bastante significativo, uma vez que os pagamentos são centralizados em um número reduzido de empresas, realizados de forma pontual.

Porém, com relação à otimização dos serviços, nem sempre o trabalho é compensador, já que exige uma remuneração, considerada alta, por um serviço que demanda muita habilidade política nos relacionamentos gerados entre essas empresas e a companhia aérea.

Apesar disso, o trabalho reproduzido relativo à distribuição e à divulgação do produto pelos consolidadores é muito importante para a produção geral de vendas da companhia aérea.

Observa-se que, quando da realização do pré-teste, apresentado no Capítulo 3 deste trabalho, a companhia aérea entrevistada apresentou respostas diferentes da empresa Companhia Aérea "X", que foi ouvida durante a pesquisa final.

As diferenças surgem principalmente no quesito *custos operacionais* que, nesse caso, para a Companhia Aérea "Y", seriam muito menores quando da utilização dos consolidadores como distribuidores de seus produtos.

Com relação aos profissionais que atuam nas empresas consolidadoras, o entrevistado acredita que, se houvesse maior investimento das próprias empresas, a prestação de serviços seria favorecida.

Por meio da realização desta pesquisa foi possível proceder a algumas avaliações:

- As agências de turismo encontram nas empresas de consolidação o apoio e o respaldo necessários para que possam participar da comercialização de bilhetes aéreos no mercado (Tabela 7).

- Mesmo as agências que possuem os registros necessários para comercializar o produto do transporte aéreo diretamente com o BSP, ou com as próprias companhias aéreas, preferem fazê-lo por meio dos consolidadores (Tabela 1).
- A centralização de informações, principalmente do crédito concedido para as agências de turismo, é outro ponto que confirma a vantagem na utilização dos serviços dos consolidadores.
- As necessidades operacionais e técnicas do processo de comercialização de bilhetes pelas agências de turismo ficam claramente suprimidas quando são utilizados os serviços dos consolidadores.
- Fica caracterizada a prestação de serviços estabelecida entre as companhias aéreas e as agências de turismo, observando-se que o trabalho executado pelos consolidadores no mercado é reconhecido tanto por seus clientes-consumidores quanto pelos fornecedores.
- As companhias aéreas confirmam os benefícios obtidos com a prestação de serviços que os consolidadores lhes proporcionam nas agências de turismo, nas questões de risco na concessão de crédito e na divulgação de seu produto, o que reflete em uma produção significativa em suas vendas.
- Com relação à liberação do serviço operacional, a questão fica dividida em duas opiniões contrárias, visto que, para a Companhia Aérea "Y" entrevistada, esse é um benefício; já para a Companhia Aérea "X" esse serviço cria a necessidade de manter um funcionário que dê suporte a essas empresas.
- Outra questão apontada pelas companhias aéreas é relativa à divulgação de seu produto para o mercado. Ambas afirmam que esse processo ocorre somente quando há interesse do consolidador em favorecer a companhia aérea que lhe propicia melhor remuneração, proporcionando benefícios financeiros a curto prazo.

- Por outro lado, mesmo não se dedicando à divulgação específica de uma companhia aérea, o consolidador é capaz de colocar esse produto no mercado, até pela forma de atendimento proposta, quando divide os setores por etnia das companhias, por exemplo (Gráficos 2 a 7).
- Fica clara a parceria estabelecida entre os consolidadores e as companhias aéreas, quando analisados os resultados de produção apresentados e a confirmação de facilidades na distribuição e administração de bilhetes aéreos.
- Nem mesmo a implantação do sistema BSP significou uma diminuição expressiva da utilização dos serviços prestados pelos consolidadores no mercado. Ao contrário, o BSP, por intermédio dessas empresas, viabilizou novas formas de atendimento diferenciadas para satisfazer as necessidades do mercado de agências.
- Com relação ao capital humano utilizado pelas empresas consolidadoras, seriam necessários, do ponto de vista das companhias aéreas, mais investimentos em treinamento e especialização para melhorar a qualidade do atendimento prestado.
- As agências de turismo, por outro lado, acreditam que esses profissionais são competentes e eficientes, atendendo a todas as suas necessidades com competência e qualidade.

A partir de entrevistas informais realizadas entre agentes de viagens, executivos de companhias aéreas, executivos do BSP e de uma empresa consolidadora, chegou-se às afirmações anteriormente apresentadas.

A análise do material utilizado na elaboração da pesquisa, que deu origem a este trabalho, possibilita confirmar a principal hipótese de que os consolidadores são empresas prestadoras de serviços que geram negócios importantes entre companhias aéreas e agências de turismo, no mercado turístico.

Bibliografia

ACERENZA, M. A. *Administración del turismo* — Conceptualización y organización. México: Trillas, 1984.

________. *Agencias de viajes*: organización y operación. México: Trillas, 1990.

ANSARAH, M. G. R. Teoria geral do turismo. In: ANSARAH, M. G. R. (org.) *Turismo. Como aprender, como ensinar 2*. São Paulo: Senac, 2001.

BENI, M. C. *Análise estrutural do turismo*. São Paulo: Senac, 1998.

BARRETTO, M. *Manual de iniciação ao estudo do turismo*. Campinas: Papirus, 1995.

CAMPOMAR, M. C. Do uso de "estudo de caso" em pesquisas para dissertações e teses em administração. *Revista Administração*. São Paulo: v. 26, n. 3, p. 95-97, jul./set. 1991.

COBRA, M. *Estratégias de marketing de serviços*. São Paulo: Cobra, 2001.

COBREROS, M. A. G. *Fundamentos teóricos y gestión práctica de las agencias de viajes*. Madrid: Síntese, 1999.

DENCKER, A. F. M. *Métodos e técnicas de pesquisa em turismo*. São Paulo: Futura, 1998.

FERREIRA, A. B. H. *Minidicionário da Língua Portuguesa*. Rio de Janeiro: Nova Fronteira S.A., 1993.

FLEURY, A., FLEURY, M. T. *Estratégias empresariais e formação de competências*: um quebra-cabeça caleidoscópio da indústria brasileira. São Paulo: Atlas, 2000.

IKEDA, A., OLIVEIRA, T. V. A organização de agências de viagens e turismo. In: LAGE, B., MILONE, P. (orgs.) *Turismo* — Teoria e prática. São Paulo: Atlas, 2000.

KOTLER, P. *Administração de marketing* — Análise, planejamento, implementação e controle. São Paulo: Atlas, 1998.

KUAZAQUI, E. *Marketing turístico e de hospitalidade* — Fonte de empregabilidade e desenvolvimento para o Brasil. São Paulo: Makron Books, 2000.

________. *Marketing internacional* — Como conquistar negócios em mercados internacionais. São Paulo: Makron Books, 1999.

LAGE, B., MILONE, P. Bases para elaboração de um trabalho científico no turismo. In: LAGE, B., MILONE, P. *Turismo* — Teoria e prática. São Paulo: Atlas, 2000.

LAKATOS, E. M., MARCONI, M. *Metodologia científica*. São Paulo: Atlas, 1999.

LAROUSSE CULTURAL — *Grande Dicionário Larousse Cultural da Língua Portuguesa.* São Paulo: Editora Nova Cultural (org.), 1999.

MORAES, C. C. A. Turismo — Segmentação de mercado: Um estudo introdutório. In: ANSARAH, M. G. R. (org.). *Turismo*: segmentação de mercado. São Paulo: Futura, 1999.

PARISE, M. Programa de Milhas como Ferramenta para Fidelização do Cliente no Transporte Aéreo. Monografia apresentada para conclusão do curso de Pós-Graduação em Marketing. São Paulo: Escola Superior de Propaganda e Marketing, 2000.

PEREIRA, M. *Marketing de cidades turísticas.* (Série Saber Fazer: v. 1) São Paulo: Chronos, 2001.

TOMELIN, C. A. *Mercado de agências de viagens e turismo*: como competir diante das novas tecnologias. São Paulo: Aleph, 2001.

WAHAB, S. E. A. *Introdução à administração do turismo* — Alguns aspectos estruturais e operacionais do turismo internacional: teoria e prática. São Paulo: Pioneira, 1997.

Periódicos

Jornal *Brasilturis* — n. 515, 2ª quinzena, outubro 2003 — "Amadurecido, o Favecc continua em busca da excelência".
Jornal *O Estado de S. Paulo* — V13, 10.09.2002 — "O que esperar do próximo presidente", por Maurício Moraes.

Pesquisa na Internet

http://www.alitalia
http://www.delta-air.com
http://www.rextur.com.br

Guias e Manuais

Panrotas Universitário — para estudantes de Turismo.
Editores responsáveis: Fabíola Bemfeito e Artur Salvador Neto. São Paulo: Editora Panrotas, 2º semestre 2003 — v. 2.

Impresso nas oficinas da
Gráfica Palas Athena